현대신서
132

문학은 무슨 소용이 있는가?

필리프 프티와의 대담

다니엘 살나브

김교신 옮김

東 文 選

문학은 무슨 소용이 있는가?

Danièle Sallenave
À quoi sert la littérature?

© Les Éditions Textuel, 1997

This edition was published by arrangement
with Les Éditions Textuel, Paris
through Shinwon Literary Agency, Seoul

개 요

서 문 ······· 7

■ 학교에 닥친 문학 교양의 위기: 해방의 실패 ······· 11
다니엘 살나브는 파이데이아(paideia)의 그리스어 개념을 되살리면서 학교에서의 문학 교양이 그 본원적 기능을 회복해야 한다고 주장한다. 문학 교양의 본원적 기능이란 자유로운 인간, 자율적인 판단을 내릴 수 있는 시민을 양성하는 것이다. 인간성의 위기, 전능한 의견의 자유와 대면한 학교는 해방을 포기할 것을 각오하고 문학을 구제해야 한다.

■ 언어의 분열과 사회의 분열 ······· 37
언어는 모든 사람이 평등하게 소유하는 무기가 아니다. 변두리 언어에 반대하는 입장에서 만인 공용어를 위해 투쟁해야 하고, 학교를 특정주의를 뿌리 뽑는 곳으로 인정해야 한다. 통합과 자유는 이런 대가를 치러야만 얻어진다.

■ 훌륭히 수행된 독서에 대한 찬사 ······· 75
독서는 수동적인 행위가 아니다. 독서는 자신의 신념, 사기 자신의 그릇된 이미지들에서 벗어날 수 있는 중요한 정신적 활동이다. 이런 거리두기 효과, 타자와의 관계에 대한 진실한 경험은 사회에서 자유롭게 사는 데 꼭 필요하다.

■ 문학을 사상으로 복권시키기 ······· 99
세상에 대한 참여로부터 격리된 문학은 아무짝에도 쓸모가 없다. 비평은 문학에 뭔가 근본적이고 절박하며 필연적인 것이 있고, 모든 저자는 세상을 사고하는 주체라는 것을 잊어버렸다. 소설의 힘을 확신하는 다니엘 살나브는 '세계 문학'이라는 괴테의 구상이 부활해야 하며, 문학은 도시와 역사 안에 재등록되어야 한다고 주장한다.

참고 문헌 / 색 인 ······· 141

서 문

문학은 무슨 소용이 있나? 50년대 이후 이 문제는 합의를 보았다. 문학은 대중 사회와 싸우는 데 쓰인다. 문학은 문화를 소비재로 축소시키는 행위와 레저 산업에 대항하는 하나의 무기이다. 한나 아렌트·장 폴 사르트르·기 드보르·장 보드리야르는 이 질문에 관해 공통된 관점을 갖고 있다. 네 사람 모두 민주주의의 거짓말들을 확인했고, 평등주의의 환상에 분개했다. 그들은 각자 자기 방식대로 사회에 대한 개인의 위대한 투쟁을 다시 시작했고, 그들에게 대립하는 의견의 차이를 흡수하려고 노력했다. 그들은 개인에 대한 사회의 우위를 뒤집을 수 있는 상황들을 만들고자 하였다. 앞의 두 사람은 당대 좌파의 정치 기구와의 연계하에 수정 노선을 택했고, 뒤의 두 사람은 바로 그 기구들과 철저한 결별을 선언하고 급진적인 노선을 택했다. 50년대 이후——지드는 1951년에 죽었다——더 이상 행복한 문학은 없으며, 작가들은 고독을 선고받았다는 소문이 떠돌았다. "우리에게 독자는 있지만 대중은 없다." 1947년 사르트르는 그렇게 지적했다. 오늘날 프랑스에서 작가들에 대해 직접적으로든 간접적으로든 이러한 생각을 반영하지 않는 견해는 존재하지 않는다. 이 나라에 연극을 찾는 대중은 존재하지만 문학을 찾는 대중은 더 이상 존재하지 않는다. 문학은 독자들의 것이지

대중의 것이 아니다. 문학은 예외의 표현(솔레르스)이거나 독자와 작가간의 공모의 표현('피보 효과')일 수는 있지만 저자와 독자 특유의 공통된 생각의 표시는 절대 아니다. 한마디로 프랑스 문학은 더 이상 우리가 짊어진 공통된 세상이 아니고, 더 이상 토머스 하디가 '사물들이 복잡하게 뒤얽힌 소용돌이'라고 명명한 것이 가장 존중되는 상태로 존재하는 공간이 아닌 것이다.

아무튼 문학은 더 이상 그 역할을 충분히 수행하지 못하고 있다. 여전히 작가들은 존재하고 독자들도 여전히 존재하지만, 아렌트식으로 말하면 과거의 힘과 미래의 힘이 서로 충돌할 수 있는 텔레비전 공간을 제외한 공간은 더 이상 존재하지 않고, 우리 시대의 요구에 따라 문학의 공간은 더 이상 존재하지 않는다. 문학은 빅토르 위고가 호소하던 '수호신 같은 대중'과 모리악과 지드 때까지 의기양양한 부르주아 계급의 지배 아래 그의 편이었던 교양 있는 독자들을 잃어버렸고, 그것은 그의 불행이다. 이제부터 문제는 문학이 시대의 흐름을 거슬러 올라가 1950년까지 그의 것이었던 자리를 도로 찾을 수 있느냐 하는 것이다. 대답은 분명히 아니다이다. 그리고 그것이 불평할 거리인지도 확실치 않다. 우리는 공연협회에 대해 불평을 늘어놓고 우리보다 앞서간 사람들의 행동을 흉내내면서 시간을 보낼 수 없다. 그리고 프랑스 문학에게 진실인 것이 중국이나 아일랜드 문학에도 진실은 아닐 것이다. 프랑스는 문학의 전유물도 아니고, 문화의 전유물도 아니다. 작가들에게는 해야 할 역할이 있는데 거기에는 그것이 수반하는 위험 요소도 있다. 그들은 이미 20세기 초에 뮈질이 말한 바 있는 이 '관념론에 대한 절망적이고도 다급한 욕구'를 고발하지 않을 수 없다. 그것은 '형용어구를 듣기 위해 사람들을 찾느라 소일하게' 만든다. '옛날에는 정말로 위대한 작가들에게 적용된 형용어구들'* 말이다. 그들은 그렇게 할 수 없고, 그래서 마치 오늘날 아무 일도 없었던 것처럼 문학에 대해 말하는 사기가 존재하는 것이다. 마치 사회적 희극의 위대한 거짓말이 이미 널리 알려지지 않았다는 듯, 마치 우리가 빈 말만으로 만족하고 《안식일 연극》(필립 로스의 멋진 책)이나 《인간 희극》(발자크의 소설 제목) 연극을 무기한 재연해도 처벌되지 않는다는 듯.

문학은 무슨 소용이 있나? 이 질문은 모든 사람의 입에서 맴돌지만 속임수가 난무하는 만큼, 그리고 문화의, 매스미디어의 압연이 강력하고 유혹적인 만큼 누구도 그것을 가지고 장난을 치지 못한다. 이런 협박에 굴복하지 않는 것, 그리고 프랑스 사회와 세계 안에서 문학의 위상에 대해 항상 새로운 생각을 하려고 노력하는 것은 작가·수필가·번역가이자 수많은 장편 소설, 중편 소설, 시론의 저자이며 1980년 《귀비오의 문 *Les Portes de Gubbio*》으로 르노도상을 수상한 다니엘 살나브의 커다란 장점이다. 왜냐하면 그녀에 따르면 소설이 우리를 저버렸다(쿤데라), 작가들이 드물어졌다는 말만 되풀이한다고 해서 문화의 관념론적 함정과 텔레비전의 현실주의적 위험을 피할 수는 없기 때문이다. 사르트르가 《현대》지에 실린 그의 소개글에서 말한 것처럼 "이 시대는 우리의 시대이다. 더 좋은 시대들이 있을지 모르지만 우리가 가진 건 이것뿐이다."

그렇다면? 일부 작가들의 내면적인 후퇴에 직면하여, 독서 행위를 억압하는 위협들에 직면하여, 학교와 교육의 위기의 불가피한 귀결인 생의 분할 배치에 직면하여, 언어와 사회의 분열에 직면하여 다니엘 살나브는 작가 겸 여행가로서의 경험과 교직자로서의 경험(그것은 그녀가 30년 전부터 종사해 온 직업이다)에 힘입어 문학 작품과 문학적 체험의 일관된 명예 회복을 큰 소리로 주장하는 편을 택했다. 모든 것이 상호 관계를 맺고 있으며, 씨실을 형성하는 믿음과 의견들을 고려하지 않고 세상을 바꿀 수는 없다고 확신하는 《죽은 문학》(미샬롱, 1995년)과 《강간》(갈리마르, 1997년)의 저자는, 동시에 문학 교육의 근본적인 개혁과 민주주의의 동의어가 되어 버린 '행복'의 희화를 힘차게 고발하는 반(反)자본주의 정치를 위해 '투쟁'한다. 따라서 책과 문학을 둘러싼 이 솔직하고 활기찬 대화는 이 시대의 환상들에 대한 고발도 아니고, 불멸의 것들에 대한 찬사도 아니다. 전통과 혁명 사이에서 이것은 바로 아리스토텔레스로부터 오늘날까지의 문학에 부여된 역할에 대한 역사적·정치적·사회적 전망이다. 이것은 특히 세계의 문학, 그리고 현대적 개인의 형성 과정에서 소설이 차지하는 자리에 관해 생각하는 한 작가로부터 우리가 기대할 수 있는 것에 대한 완벽한 예증이다. 한나 아렌트가 전기와 사료(史料)를 벗어나는 정신의 영역에 남겨둔 그 자리를, 그녀 이후 다니엘 살나브는 간단히 '생각의 부름'이라 부르고 있다.

필리프 프티

---

* 이 점에 관해 《철학의 요구》(레클라, 1996년)에 나오는 자크 부베레스의 지적을 읽어보라.

학교에 닥친 문학 교양의 위기:
해방의 실패

■ 《죽은 문학》·《죽은 이들의 선물》에서나 《동유럽의 행로》에서 오늘날의 문학 교양에 관한 당신의 진단은 가장 비관적인 것이다. 당신의 의견에 따르면 문학은 약속을 지키지 않았고, 쇄신하지도 않았으며, 18세기에 등장한 해방자로서의 계획을 재평가하지도 않았다. 당신은 이렇게 썼다. "슈퍼마켓이 이 시대의 넘을 수 없는 지평선이 되어 버렸다." 사람들은 전통과 결별하거나 그들 자신의 편견에서 벗어나는 대신 대중 소비와 대중 문화의 노예가 되어 버렸다. 이런 사고의 패배에 관한 당신의 논거를 자세히 다루는 대신, 우리 사회에서 문학에 부여된 역할에 대한 자유롭고 개방적인 대화를 시작하기 위해 우선 해방과 학교에 대한 당신의 개념을 자세히 설명해 주었으면 좋겠다. 당신의 사회 참여의 본질도 설명해 주었으면 좋겠는데……

내가 싸우는 까닭은 너무나 명백하다. 나는 아이들과 청소년들의 육성 과정에 문학을 전반적으로 재도입시키기 위해 투쟁하고 있다. 당연히 그들의 선생님들의 양성 과정에도, 기술학교와 과학학교를 포함한 모든 커리큘럼에도 문학이 재도입되어야 한다. 왜냐하면 우리의 학교 제도·교육 제도는 어떤 한 가지의 심각한 결핍으로 고통을 당하고 있기 때문이다. 거리, 반사 법칙성, 판단을 학습할 기회가 없는 것이 그것이다. 한나 아렌트가 말한 것처럼 우리는 세상에 도착하는 자들, '태어나는 자들'을 학문적·기술적 지식만으로 육성해서는 안 된다. 우리는 그들을 합리성, 도덕적·정치적 견해를 갖추고 공동 생활을 할 수 있는 인간으로 만들어야 한다. 6학년부터 철학을 가르치자고 제안한 것도 그 때문이 아니던가? 아마 그럴 것이다. 하지만 문학은 그보다 훨씬 더 잘 들어맞는다. 왜냐하면 문학은 구체화된 상황들에 대해 생각할 거리를 제공하기 때문이다. 왜냐하면 문학은 삶의 선택의 가능성들을 대조하고, 따라서 우리 자신의 삶을 깊이 생각하는 법을 가르쳐 주기 때문이다.

그런데 초등 교육과 중등 교육 안에 있는 문학 작품들은 본질적인 것을 위해서가 아니라 문법의 예들을 제공하기 위해 존재한다. 리쾨르가 '시간의 체험 위에서의 상상의 변주'라고 부른 소설의 심오한 교훈에 따라 결과, 함축된 의미, 위험들을 검토할 수 있는 체험된 상황들의 예로서 존재하는 것이 아닌 것이다.

■ 당신은 해방과 문학 교양 사이에 어떤 관계가 있다고 보나?

문학 교양과 해방의 관계는 중요하지만, 많은 경우 그것은 저절로 이루어지지 않는다. 하지만 문학의 실천을 쾌락·심심풀이·취미라는 한 가지 차원으로부터 벗어나게 하기 위해, 동시에 문학의 모든 차원을 해방시키기 위해 그것을 상기하는 것이 중요하다. 나는 아름다운 작품들, 사상과 언어에 관한 위대한 작품들을 통해 판단력을 기르는 것이 '시적'인——동시에 윤리적이고 미적인——일이라고 말하고 싶다. 콩도르세〔낙관주의적 역사관을 지녔던 프랑스의 철학자·정치가〕는 그의 《공교육에 관한 교훈들》에서 그렇게 했지만, 사실 우리가 해방자로서의 커리큘럼이라는 정의 안에 수학에게 높은 자리를 줄 수 있었던 시대는 끝났다.

▌ 당신은 그런 과학의 우위에 이의를 제기하는 바인가?

나는 과학 교양이 부차적이라고 생각하는 사람들 편이 아니다. 그리고 현대인의 불행의 큰 몫은 과학의 발전으로부터 온 것이라고 생각하는 사람들 편은 더더욱 아니다. 해방은 과학에 반대하여, 과학 정신에 반대하여 형성될 수 없다. 과학은 인간의 절대적이고 결정적인 정복으로서 누구에게나 전달될 수 있고 보급될 수 있는 것이다. 합리성의 진전 없이는 해방도 없다. 하지만 동시에 과학은 그 자체에 관한 생각이나 '세상의 삶'에 관한 생각, 현상학자들처럼 말하자면 혹은 아리스토텔레스 학파의 말투를 사용하자면 인간의 행동과 열정에 관한 생각을 제공하지는 못한다.

과학은 우리가 체험하는 세상에 급격하고 커다란 변화들을 만들어 냈다. 우리가 사는 세상은 더 이상 1791년의 세상이 아니며, 고대인들의 세상은 더욱 아니다. 하지만 우리가 끊임없이 행동하고 관조하는 이 세상, 그리고 과학에 의해 전면적으로 변형된 이 세상에 대한 생각, 이런 생각을 어디선가 분명히 찾을 필요가 있다. 인생의 체험의 의미를 이해하게 해주는 것은 수학이나 물리학이 아니다. 모든 형태의 독특함은 필연적으로 모두 놓치고 마는 인문학도 아니다. '인간의 행동과 열정'에 관한 생각은 순수과학의 뒷받침만 가지고서는 운영될 수 없지만 인문과학에 기댐으로써 심각하게 왜곡됐다. 교양의 위기는 이것, 즉 과학이 본보기를 제시하는 세상에 대한 지식과 직접 체험한 세상, 유한성, 숙명, 죽음, 삶에 대한 이해 사이의 실존적 결별에서 싹텄다.

▌ 이런 교양의 위기는 최근의 것인가?

어떤 관계에서는 최근의 것이 분명하지만, 또한 오래된 것이기도 하다. 왜냐하면 우리 문화와 우리 문명의 원천으로 거슬러 올라가면 고대 그리스에서는 교육, **파이데이아**(paideia)에 대한 그리스인들의 개념이 '시인들'——즉 서사시인들뿐만 아니라 극작가들까지도——의 작품들에 의거하고 있다는 것을 확인할 수 있기 때문이다. **파이데이아**(그리스어로 '교육')의 목표는 분명하다. 자유로운 인간, 시민을 양성하는 것이다. 교육이 겨냥하는 바는 감수성과 심미안보다는 판단력, 즉 공적·사적 생활의 다양한 상황 속에서 자유롭게 결정할 수 있는 능력을 형성하는 것이다.

▌ 하지만 그리스 사회에는 이 개화된 교양에 접근할 수 있는 선민이 별로 없었는데.

아마 그리스 사회에서 노예와 여성은 **파이데이아**에서 제외됐을 것이다. 그래도 역시 이 모델이 보편화될 수 있다. 왜냐하면 다시 한 번 말하지만, 그것은 자유로운 인간과 시민을 양성하는 것이기 때문이다. 그리스 시민권의 가장 높은 표현은 투표이다. 이는 자신의 판단을 훌륭하게 드러낼 수 있는 기회이기 때문이다. 이로써 그리스에서는 시인들의 중개를 통한 **파이데이아**라는 한쪽과 '행복한 삶'의 길을 단독으로가 아니라 다른 사람들과 함께 찾을 수 있는 책임감 있는 시민의 판단이라는 다른 한쪽 사이에 절대적으로 분명하게 관계가 형성되었다.

▋ 하지만 그런 그리스 모델이 어떤 점에서 보편화될 수 있나?

그것이 노예가 아닌 청년들에게만 해당되는 일이므로 그것을 비난하는 것이 정치적으로 옳은 생각의 형태일 것이다. 왜냐하면 민주주의에 대한 우리의 개념은 그들의 것이 확장된 것이기 때문이다. 민주주의는 하나의 공동체에서 사는 것이 각자, 남자와 여자의 운명이라고 가정한다. 그리고 각자는 그 공동체에 대해 책임을 부담하고, 그 안에서 책임을 행사하도록 약속되어 있다. 왜냐하면 그는 선거권자인 동시에 피선거권자이기 때문이다. 그러므로 그는 끊임없이 각기 다른 정치적 입장들 사이에서 선택을 하고, 투표에 의해 자신의 입장을 표현할 수 있어야 할 것이다. 그 투표로 수산 시장의 부지뿐만 아니라 차기 합창단장 선출 날짜, 혹은 스파르타와의 관계도 결정하는 것이다. 한편 시인들의 발언이 구현되는 장소인 극장이 동시에 종교적·정치적인 시민의 장소가 되는 것도 우연은 아니다. 이 모든 것은 널리 알려진 것이고, 동시에 어느 정도 잊혀진 것이기도 하다. 마치 우리가 사생활과 공생활이 조화롭게 같이 가던 시절에 대한 기억, 그리고 희망을 잃어버렸듯이 말이다. 그리스에서 극장에 간다는 것은 하나의 정치적 행위이다. 그날은 일을 할 수 없기 때문에 그의 일당을 배상해야 한다. 극장에 가는 것은 사람들간의, 사람과 신간의 대결에 관한 공적인 가르침을 함께 받으러 가는 것이다. 그리하여 그 큰 시민의 체육관 안에서 이러한 판단이 행사되는 것이다. 그것을 그리스인들은 **그로모수네**(지성, 지혜, 신중)라고 불렀고, 아리스토텔레스는 **그노메**(도덕적인 삶에 적용되는 논리학의 실천)라고 불렀다.

그리스인들에게 우리의 행위에 대한 반성은 즉시 도시국가에 등록됐다. 개인의 열정은 하나의 정치적 의미를 지녔다. 그것은 도시국가 안에서 행사되었다. 그것은 도시국가에 의해 알려졌고, 도시국가에게 알려졌다.

■ 시인들의 생각은 어떤 면에서 판단의 자유를 형성하는 이런 요소가 되었나?

베르너 예게르는 바로 《파이데이아》라고 명명한 그의 위대한 저서에서 이렇게 말했다 "예술은 교육적 영향력을 가진 두 개의 중요한 요소를 내포한다. 하나는 보편적인 의미 작용이고, 하나는 즉각적인 부름이다. 왜냐하면 예술은 영혼에게 권위를 행사할 수 있는 이 두 가지 방법을 결합하고, 철학적 사고와 현실 생활을 동시에 초월할 수 있기 때문이다."

'시'——다시 말해 넓은 의미의 연극, 서사시, 그리고 소설도 포함하여——는 구체화된 상황들을 제시하고, 그것은 때로 거리에 의해 과대평가되지만——이것은 주로 신들, 영웅들, 또는 위대한 인간들의 이야기이다——여전히 원근법적으로 배치되고, 적당한 거리에 둠으로써 눈에 띈다. 브레히트와 아리스토텔레스는 소격 효과의 작용 없는 언어 작품은 없다고 보는 점에서 사실 보기보다 더 많이 일치하고 있다.

그래서 이 작품들의 모범적이고 교육적인 가치가 생기는 것이다. 왜냐하면 그들은 스타디움에서 뛰고 아테네에 승리를 안겨주기 이전에 체육관에서 몸을 단련시킨 것과 마찬가지로 아직 정치적·사회적 생활과 무관한 나이에 그것들을 공부했기 때문이다. 마찬가지로 언어로 된 작품들에 의지하는 학교는 이런 판단 능력, 이런 **그노모수네**를 훈련시켜서 곧 그것을 현실에 적용하게 했다.

학교와 책은 정신의 근육, 마음의 힘이 본보기들 위에서 훈련되기에 알맞은 거대한 체육관이다. 이 본보기에는 도덕적인 의미에서의 본보기, 그들이 모방하거나 배척하는 본보기뿐만 아니라 허구적인 상황들을 통해 노출된 감정과 행동의 기본적인 형태, 드러난 구조도 포함된다.

그러나 우리의 민주주의, 시민의 삶과 그리스인들이 '영혼의 배려'라고 부른 것을 희생시킨 대신 소비와 레저, 생물학적 삶의 유지를 위한 거대 산업의 노예가 된 시장은 학교의 의자 위에까지 금족령을 적용하는데, 그 금족령은 은밀하지만 그것을 외치는 상인들의 목소리는 어디서나 들을 수 있다. "어서 다시 잠들어라! 생각지 말라! 이 달콤하고 맛있는 우유를 계속 빨아라!"

■ 한나 아렌트처럼 당신도 교양의 위기와 교육의 위기가 같이 간다고 생각지 않는가? 어른들이 아이들을 보호하기가 점점 더 어려워지고 있다. 아이들은 어른들에게 사회 문제, 나아가 정치적 문제를 고려하고 그에 대한 책임을 지라고 요구하지만 어른들은 더 이상 제어할 수가 없다. 당신은 우리가 그들의 고독에 필요한 공간을 죽이고, 그들을 세상의 폭력과 소란에 노출시키고 있다고 생각지 않는가?

틀림없는 사실이다. 이 위기는 삶의 분할의 위기와 밀접한 관련이 있다. 갓 태어난 육체는 완전히 완성되지 않았으며, 아기는 시냅스, 신경 근육 정신을 연결하는 장치들을 건설해야 한다. 게다가 같은 식으로 지적·정서적, 나아가 사회적 연결 장치인 '시냅스'가 있는데 이것이 구성되려면 아이가 세상과의 직접적인 접촉을 피해야 한다. 그런데 학교는 그것이 '삶'이라고 부르는 것을 향해 폭넓게 문을 열면서 이와는 정반대로 행동하고 있다. 우리는 이를테면 구소련에서 아이들이 어른들에 의해 불타는 세상에 버려지는 것과 같은 사회적 혹은 역사적 결별의 예들을 보았다. 그리고 그들이 얼마나 야만스럽게 그들의 이해와 생존의 망을 건설하는지를 보면 가슴이 찢어진다. 그들은 감탄과 공포를 동시에 자아낸다. 열 살밖에 안 된 그 어린 러시아 아이들이 늙은 악당처럼 담배를 빨면서 삶과 죽음, 운명, 섹스에 대해 말하는 모습이라니…….

하지만 소위 안정된 사회에서 유년기는 선생님들 덕에, 허구적인 상황들을 통해 곧 현실과 맞설 수 있는 능력을 갖출 수 있도록 성장하는 기간이 되어야 한다. 그래서 소설의 자리가 절대적으로 중요한 것이다. 그것은 비단 소설이 상상력을 행사하고, 유일하고 개별적인 체험에서 발전했기 때문만이 아니라 특히 위험이 없기 때문이다. 알랭이 그의 《교육론》에서 말한 바와 같이 학교는 모든 것의 실험실이어야 한다. 학교는 삶이 아니고 삶을 준비시킨다. 삶을 준비시키려면 삶의 '모델들,' 즉 상상할 수 있는 상황들을 개척하고 또 개척하게 만들어야 한다. 언어적 상황들, 다른 사람들이 체험한 그리고 치명적인 위험 없이 노출된 살인·위험·사랑의 상황들 말이다.

치명적인 위험은 사회적·사적 현실에 대한 반성도 없고 거리도 없는 탐색과 조로(早老)로 이끈다.

> 좋다. 하지만 만일 학교가 더 이상 보호받지 못한다면 어떤 유형의 실험실이 존재할 수 있을까?

학교는 오늘날의 청소년들이 '삶'에 많이 직면해 있다, 새로운 도시적 생활 방식·텔레비전 등으로 인해 책과 과거의 학교보다 더 현실적인 현실에 노출되어 있다고 주장하면서 스스로를 기만하고 있다. 사실 이 현실은 지극히 추상적인 것이다. 왜냐하면 그것은 현실의 이미지 위에서 형성됐기 때문이다. 그것은 시각적·지적·도덕적 스테레오타입들의 무한 반복적인 대공세가 만들어 낸 환상이다. 많은 교수와 교육자들은 아이들과 청소년들이 '우리'가 그 나이였을 때보다 훨씬 더 성숙하며 요령 있고 지식이 많다고 주장하는데 그것은 그들이 무지, 민중선동책, 젊음에 대한 과대평가, 죄의식——선택권이 있다——으로 인해 잘못 알고 있는 것이다. 그렇다, 아마도 도시의 삶에는 새로운 불안한 상황들이 있을 것이다. 지하철 내에서의 위험, 갈취, 또는 마약 같은. 하지만 중요한 것은 그들이 더 현실적이라고 주장하는 세상은 극도로 인위적이고, 빈곤하며, 우울한 이데올로기와 공인된 여론으로 가공된 것이라는 점이다.

▌ 당신이 보기에 학교의 첫번째 과업은 어떤 것이 되어야 하겠는가?

학교의 첫번째 과업은 낡은 지식과 현실에 대한 훈련 방법의 확실성을 회복시키는 것이 아니라——그리고 그것은 전적으로 불가능한 일이다——왜 그리고 어떻게 이 세상이 거짓이고 우리를 속이며 비현실적인가를 증명하는 것이다. 청소년들에게 현실의 세상이라고 주장하는 텔레비전 시리즈와 일상 생활이 이 세상에 대한 하나의 풍자, 세상의 겉모습, 도시 근교의 코드화한 옷차림과 은어의 혼합에 불과하며 거기서 진정한 체험을 길어 올릴 수 있다고 믿는 것이 잘못됐다는 것을 청소년들에게 증명해 보여야 할 것이다.

삶, 세상에 대한 이런 흉내, 순전히 상상에서 나오는 이런 표현들은 보들레르·바그너 또는 토마스 만의 작품들 안에서 그들이 토해 놓은 현실과는 별로 관련이 없다. 하지만 그 때문에 사회는 모든 부드러운 형태의 승인과 합의에 맞서 진리와 참여에 대한 담론의 수립을 위해 투쟁하는 반대 세력들에 의해 작동되어야 할 것이다. 이런 표현들은 현실성 때문이 아니라 지독한 비현실성 때문에 우리가 사는 세상을 놀라게 한다. 그것들은 비평적 담론의 출현에 대한 족쇄이고, 모든 반역 또는 전복의 시도에 대한 장애물이다. 우리는 다시 돌아간다. "달콤한 우유를 마셔라, 그리고 다시 잠들라!"

구체적인 예들이 있다. 정치적·사회적 사건들이 텔레비전의 채널을 통해 어떻게 보여지는가를 보자. 철도 파업이 벌어졌다. 정치지도자 또는 노조지도자의 인터뷰는 즉시 사회자의 발언으로 가려진다. 문제——문제라고 말할 수 있다면——를 '설명해 주기' 위해 사람 없는 생라자르 역의 똑같은 화면을 사흘 내내 보여 준다. 똑같은 텅 빈 플랫폼, 게시판 밑에서 시계를 들여다보는 젊은 여자. 걸프전 동안만큼이나 이것은 거짓이다. 이것을 청소년들에게 보여 주고 설명해 주어야 한다. 이 자칭 리얼리즘은 되도록 비현실주의적으로 되려는 경향이 있다. 교수들의 경우, 순전히 상상에서 나온 가짜 현실로부터 등 돌리게 하기 위해 학생들과 함께 진짜 활동을 해야 한다. 그러려면 그들 자신도 그러한 행동의 필요성을 확신해야 하고, 또 오늘날 거짓 성장 안에서까지 우리가 그들에게 흠뻑 빨아들이게 하는 세상의 비현실성을 인정해야 할 것이다.

> 현실이라고 주장하는
> 세상은
> 세상에 대한
> 하나의 희화에 불과하다.

■ 학교에서 '영상물에 대한 정지 명령' 방송을 가지고 공부를 해야 할까?

뭐라고! 그것은 영화·문학 같은 다양한 원천이나 형태에서 나오는 다른 표현들을 놓치고 하나의 문제를 만드는, 오늘날 세상이 각자로부터 얻기를 바라는 이런 최초의 애착을 떼어내는 일이 될 것이다. 성장, 교육 분야에서 진실은 표현들의 대립과 충격에서만 나오지 않는다. 대신 우리가 현실 속에서 살지 않고, 특히 하나의 표현물 속에 산다는 것을 발견하는 일도 이미 대단한 것이다.

20여 년 전에 양성된 대부분의 교사들은 국립 교육이라는 상부 기관에서 행하는 이데올로기의 대공세에 복종해야 했다. 그것은 그들로 하여금 이런 유형의 담론을 다루도록 강요했다. "교양은 끝났고, 우리를 둘러싼 세상이라는 현실에 대해 말해야 한다." 오늘날 학교의 비극은 일반적인 '사회'의 상태도, 학생의 상태나 교양의 상태도 아니고 교사들의 상태이다. 학교의 비극은 결국은 교사 양성의 위기·붕괴·단절을 가져올 것이다. 한시바삐 우선 교사 양성 제도를 개혁해야 한다.

■ 당신은 교원 단체가 의견의 독재에 복종해야 한다고 생각하나?

나는 그렇게 생각지 않는다. 그리고 그것을 확인하고 있다! 학교의 철학적 목적은 한마디로 요약된다. 학생을 **독사**, 의견으로부터 떼어 놓는 것이다. 그런데 각자의 권리의 본질에 관한 심각한 혼동에 의해 6학년초부터 대학까지 의견은 그들에 의해 그런 것으로 지적된 적이 한번도 없었다. 각자 자기가 원하는 것을 생각할 '권리가 있다'는 원칙(그것 자체가 하나의 의견이지 진리가 아니다!)에 의해 그것은 좋은 것으로 간주되고 있다. 아마도 그럴 것이다! 하지만 그렇다고 그것이 진리가 되지는 않는다. 그때부터 교육은 일종의 평화롭고 부드러우며 대립도 목적도 없는 대결, 각자의 의견들이 되어 버렸다. 한 반의 균형이 그것을 근거로 하고 있다. 즉 학생은 자신의 의견을 가질 권리가 있다, 누군가에 의해 주장되는 의견은 모두 좋은 것이라는 것이다. 그리고 의견은 특히 진리에 관한 반성에 의해 꺾여서는 안 된다. 최근 나는 철학 교육에 관한 어떤 방송을 시청했다. 운동장을 나가다가 질문을 받은 한 학생이 자신의 선생님에게 찬사를 보내고 있었다. 학생의 말에 따르면 선생님은 '자신의 의견을 강요하지 않기' 때문에 정말로 좋다고 했다. 거기에 교육 문제의 흐름에 의해 조심스럽게 유지되는 하나의 혼동이 있다. 확신의 존중――이 나이에는 가족들의 의견의 반영에 불과할 때가 많다――과 생각의 실천을 혼동하는 것이다. 생각의 실천은 때로는 기존 관념, 소문에게 폭력을 휘두르며 또 그래야 한다. 왜냐하면 알랭의 말처럼 '사람들이 말하는 모든 것은 거짓'이기 때문이다. 이 얼마나 심오한 구절인가!

고등학교에서 진리에 관한 담론을 존속시키고자 하는 모든 철학 혹은 문학 교사들은 내가 하는 말을 확인해 주고 있다. 우리가 그들로부터 기대하는 것은 폭력과 큰 충돌을 피하면서 의견들이 사이좋게 노닐 수 있게 만드는 것이다. 이를테면 그들이 성적표에 '이 학생은 자신의 의견을 잘 주장하고 공개적으로 옹호할 줄 안다'라고 썼다 치자. 마치 국회나 선거 유세에 나온 사람 같지 않은가! 사실 이 아이들은 그들의 '의견'을 대결시킨 것이 아니라 그들이 식탁이나 텔레비전에서 들은 의견들을 반영한 것뿐이다. 그러므로 유감스럽게도 교사들의 과업은 부모들 간의 대결을 해결하는 것이 된다!

■ 그래도 학생들에게도 할 말은 있지 않을까?

물론이다. 하지만 아무 의미에서나 다 그런 것은 아니다! 진리의 훈련은 우리가 자기 자신의 말의 창조자일 것을 요구한다. "난 말이죠, 하느님은 우리보다 나은 누군가라고 생각해요"라고 말하는 학생은 소문의 말을 되풀이한 것이다. 철학이나 문학 수업은 사실 소문들의 대결이 아니다. 게다가 오늘날 이런 소문들의 대결은 진리가 아닌 양심, 때로는 환경 보호의, 때로는 반인종차별주의적 양심의 새로운 독재적 주입의 시작 단계에서 중단됐다. 정보는 알려졌다. 프랑스어에서 좋은 점수를 받으려면 숙제에서 배척을 반대하고 서로 다를 수 있는 권리를 찬성하는 내용의 일반적인 제안들을 몇 가지만 슬쩍 집어넣으면 된다는 것이다. 우리는 어쩌면 이렇게 해서 충돌 없고 계급 투쟁 없으며, 그러면서 불평등한 사회에 내재된 알력의 분출도 없는 사회적 삶의 진정한 표본을 제안하는 것을 기대할 수도 있을까? 학교에서 나오기 무섭게 실업의 경험, 불의, 불평등에 의해 이 평화적인 표본이 곧 반격을 당할 것이 나는 두렵다. 의견들의 대결은 자유의 행사가 아니다. **사람들이 말하는 모든 것은 거짓이다.**

▎그러니까 해방의 위기는 무엇보다도 먼저 학교의 위기란 말인가?

우리 이 점에 대해 합의를 보자. 이 위기는 교육부나 《르 몽드》 또는 《르 몽드 드 레뒤카시옹(교육의 세상)》과 같은 일부 신문들의 칼럼들이 공연히 되풀이해 말하는 것처럼 일체의 변화를 거역하는 학교의 보수주의와 마비의 결과가 아니다. 위기는 **학교 개혁의 결과, 일련의 학교 개혁들의 결과**이다. 그리고 모든 것이 학교에 학교가 너무 많다는 하나의 원칙에서 영감을 얻고 있다. 그 원칙이 감춰질 때도 있고, 자백될 때도 있지만. 너무 많은 규율과 너무 많은 교과목, 너무 많은 지식과 너무 많은 앎들. 결과는? 요즘에는 신문에서 그것을 읽는다. 문맹인 아이들을 둔 것이 걱정이 된 부모는 비공식적인 조제실에서 고가로 만들어지는 학과 따라잡기라는 새로운 시장의 먹이가 된다! 그런데 우리들만 이 배를 탄 것이 아니다. 최근에는 독일에서 기업의 사장들이 모임을 갖고, 읽고 쓰고 셈하는 것만 겨우 알고 학교 제도를 마치는 청소년들을 실습 과정에 받아들이기 전에 1년 정도의 준비 과정을 실천할 것을 요구했다.

지금 선진국들에서 학교가 이렇게 붕괴하는 현상을 어떻게 설명해야 할까? 미국에서는 30년 이상 전부터 시작된 일이다. 학교의 붕괴와 당당히 맞서 싸울 수 있는 힘들이 깨어나는 것을 별로 보고 싶어하지 않는 새로운 방식의 자본주의와, 자신의 코끝보다 더 멀리 내다보지 못하고 개인의 성숙을 모든 형태의 포만감과 혼동하는 개인적인 민주주의간의 일치를 이해하기는 쉬울 것이다. 반대로 무교양과 인터넷이라는 새로운 세계 질서에 대한 복종의 명백한 증거들 앞에 최근의 어떤 혁명적인 좌파의 무분별을 확인하는 것은 얼마나 기이한 일인지!

▎1969년에 있었던 에드가 포르의 개혁 이래 교육학의 환상은 순조롭게 진행되고 있는데…….

그것의 이름은 혼동이다. 해방과 개화를 혼동하는 것이다. 치료약과 고통을 혼동하는 것과 마찬가지이다.

왜냐고? 교육에 내재된 몫의 폭력이 일어나지 않으리라 예상하고 무릅쓴 모험 때문이다. 그보다는 오히려 두 가지 형태의 권위의 잡탕, 동일시 때문이라고 하는 편이 옳겠다. 부당하고 불법적인 정치적·경제적 힘을 행사하는 권위, 그리고 그것을 통해 주체가 자신을 세운 것으로, 혹은 프로이트가 말하듯 타고난 야만성을 극복한 것으로 인정받아야 하는 이런 형태의 권위 혹은 폭력. 모든 일이 마치 우리가 학생들을 프롤레타리아, 노예, 식민지 피지배자의 마지막 화신으로 만든 것처럼 진행됐다. 그들을 교육의 '폭력,' 지식의 규율, 훈련의 구속에서 벗어나게 하는 것이 '학교 없는 사회'의 구호가 됐다. 그래서 사회 분석은 학교가 사회의 불평등을 재생산하는 정치적 장치의 중앙에 있다고 비난하면서 가장 사악하고 가장 반박하기 어려운 변명을 개혁에 제공했다. 학교는 총체적으로 사회의 반영이며, 지배 계급에게만 봉사하는 도구가 아니다. 그 안에서 모순되는 사회 세력들의 게임이 한창 행사되는 곳이다. 학교가 사회적·문화적으로 가장 불리한 사람들을 섬길 수 있는 것도 그 때문이다. 학교는 한편으로는 부자들의 문화적 '특권'을 강화한다. 하지만 다른 한편으로는 지성·방법·성찰·지식같이 이 특권이 지배하지 않는 것에 호소함으로써 소외된 자들에게 이와 똑같은 특권의 기회를 제공할 수 있는 유일한 것이기도 하다. 개혁을 통해, 지식을 전달할 수 있는 모든 합리적인 형식들에 가해진 전반적인 회의에 의해, 불평등한 학교와는 관계를 끊는다는 구실 아래 공화국의 학교는 그의 의무를 자칫 저버릴 뻔했다. 왜냐하면 학교는 가장 많이 공급받는 자들에게 공급해 주었고, 가장 많이 예우받는 자들을 예우했기 때문이다.

▌ 반문화, 혹은 당신이 이 표현을 더 좋아한다면 68세대의 반독재 운동에서 건져낼 것이 아무것도 없을까?

비록 권위의 원칙에 호소하는 방법은 가능한 한 고려 대상에서 제외돼야 하지만 그것, 즉 교직자의 권위가 추진시키는 일의 **옥토르**, 즉 보증인의 자격으로 나타나야 하는 순간이 반드시 있다. 따라서 내가 특히 권위의 원칙에 대한 비난에서 염두에 두는 것은, 오늘날 가르치는 사람은 그의 정면에 있는 자에 대해 옛날보다 훨씬 더 기이하고 상세한 고찰을 해야 한다는 것이다.

그는 상대방·아이·학생·대학생을 전체적으로 관찰해야 한다. 그것이 새로운 것이며, 나는 그것을 전적으로 수용하는 바이다. 하지만 우리 의견의 일치를 보자. 이렇듯 당신 앞에 있는 주체를 전체적으로 고려하는 것은, 중등 교육에서 매우 유행하는 '정상을 참작케 하는 사정' '긍정적 핸디캡' '긍정적 차별' 같은 사법적 절차를 내포하지 않는다. 그것은 오히려 교사와 교수가 학생들에게서 이성·논리·숙고에 접근할 수 있는 기이한 능력을 포착할 수 있는 새로운 청취, 새로운 배려를 함축할 것이다.

학생들이 속을 들여다볼 수도 없으며 상호 교환이 가능하지도 않고, 마음이 순수하지도 않으며 대신 똑같은 정신과 담론의 지평선, 이성의 보편성에 대한 생각을 갖고 있다고 생각하는 것은 교직자로서의 처신을 규제하는 것이라고 생각한다.

▌당신은 이 체제에서 무엇을 유지하고 싶은가?

방금 내가 말한 것이다. 내 앞에 있는 것은 그저 하나의 학생, 하나의 대학생일 뿐만 아니라 하나의 주체이기도 하다. 하지만 현재의 상황은 무척 어렵다. 지식에 대해 같은 요구들을 유지하는 것, 그리고 환자 혹은 병자로 변모시키지 않은 채 주체를 완전히 이해하는 것, 그것은 극도로 까다로운 균형잡기이다. 각자 개별적으로 주의를 기울여야 한다. 그러나 또한 각자의 의지가 서로 대립하는 두 주체, 교사와 학생은 정면대결을 피해야 한다. 학급에 대해 하나의 연대감을 회복할 필요가 있다. 교사에게 대항하고 지식에 저항하는 한 집단의 연대감이 아니라 학습

> 학교는 원초적인 나르시시즘,
> 전능함에 대한 환각을
> 깨는 것을 가르친다.

의 연대감 말이다. 배우는 것, 그것은 함께 배우는 것이다.

학교는 무엇을 가르친다고 여겨지나?

학교는 원초적인 나르시시즘(자기 도취), 전능함에 대한 환각을 깨는 것을 가르친다. 학교는 학생에게 너는 연약하고 무지한 존재이지만 너를 연약함과 무지로부터 벗어나게 도와 줄 누군가가 존재한다고 말한다. 이 시대의 학교는 이것, 바로 이것을 거부한다. 누군가를 만들어 나간다는 것은 그를 곯리는 짓이 됐다! 그래서 학교는 점점 학교답지 않아 가지만 사람들이 원하는 것은 모두 다른 것들이다. 탁아소(초등학교), 여름학교(중고등학교), 문화의 집(대학)(문화성 직속으로 운영되는 문화 시설). 그런데 주체를 구성하려면 학교는 하나의 명령, 하나의 태도, 연습의 반복을 강요함으로써 나르시시즘과 대립되는 변증법적 계기가 되어야 한다. 그것은 엄한 방식과 육체적 징벌은 전혀 내포하지 않는다!

내가 문학 작품들의 원고에서 보는 이런 변증법을 사람들은 아마 다음과 같은 이유로 거부할 것이다. 왜냐하면 그것들이 비탄, 죽음, 유치하고 변덕스러우며 부도덕한 행위에 열중한 나와의 결별을 미끼로 이용하기 때문이다. 가끔 나는 톨스토이가 《전쟁과 평화》에서 나타샤의 오빠인 젊은 니콜라스 로스토프가 열일곱 살 때, 전쟁터의 총탄이 머리 주변에서 휙휙거리며 지나가는 소리를 들었을 때 하던 말을 인용한다. "나! 난 죽을 수도 있어! 엄마와 나의 누이들로부터 너무나 사랑받았기 때문에!" 동일시-투사와 마찬가지로 독서에 의해 죽음와 대면해 자기 자신에게 열광하는 이런 기이함을 관찰할 수 있는 것은 학교가 느끼게 만드는 그런 교육적 충격의 하나이다.

요점은 두 가지로 요약된다. 하나는 학생들·아이들·대학생들을 자기 자신과 그의 시대 속에 비좁게 가두어두는 것으로부터 탈출시키는 것. 두번째는 대경실색, 침묵의 순간을 유발하는 것.

▌ 당신은 때로 보수주의자로 인정되는 것이 두렵지 않은가? 오직 전통만이 혁명적이라는 걸 나도 잘 알고 있지만, 당신은 우리 사회의 상태와 학교의 상황 자체와 비교해 볼 때 약간 뒤져 있다고 느끼지 않는지?

보수주의자라고? 보수주의자였던 적은 없다. 말의 범위가 너무 크다. 하지만 뒤져 있다는 말은 맞다, 그리고 좌파가 지나치게 자주 졸도하는 걸 볼 때는 나도 졸도하게 된다. 그렇지만 좌파의 전통은 비평의 전통이다. 어떤 점에서 현재에 관한 비평은 과거에 대한 거리감 없는 축하를 의미하는가? 현재에 관한 비평은 현실은 뒤로 돌아가지 않으며 변할 뿐이라는 의지를 나타내고 있다. 하지만 과거의 표본들에 관하여 깊이 생각해 볼 여지는 있다. 과거에는 지식에 의해 가능한 기회의 균등이라는 개념 속에 어떤 급진적인 것이 있었다. 이것은 1791년, 콩도르세로 거슬러 올라간다. 그로부터 영감을 얻지 말라는 법은 없지 않은가? 과거가 그 자체로서 비난받을 까닭은 없다. 마치 현대가 그 자체로서 좋은 건 아닌 것처럼. 과거는 또한 살아 있고 유익하며 생산적인 투쟁과 반론의 장이기도 했다.

다시 말해 내가 '문학을 살리고' 싶어하는 것은 나 없이도(나아가 학생들 없이도) 너무나 잘 옹호되고 있는 문학에 대한 전문적인 연구를 살리기 위해서도 아니고, 불행하게도 오늘날 벌어지고 있는 학교의 파산이라는 비극을 별로 잘 느끼지 못하고 있는 석학들에 의해 점령된 강단을 살리기 위해서도 아닌 것이다.

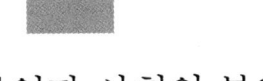

언어의 분열과 사회의 분열

《죽은 문학》에서 당신은 아이들과 대학생들을 빈약한 어휘, 텔레비전의 화법, 부정확하고 애매한 말투로부터 구출하기를 기대할 수밖에 없는 언어적 지식에 관해 말했다. 모든 화법이 같지는 않다. 하나의 언어를 풍부하게 만드는 건 그것이 사고할 수 있게 해주기 때문이다. 당신은 음성 언어와 문자 언어 사이에 존재하는 관계에 관한 고찰을 바탕으로 하고, 은어와 대중적 화법을 옹호하면서 그러한 견해를 이끌고 있다. 당신은 은어에 관해 말하고 있지만 시테들(교외의 집합주택단지)의 언어는 전혀 언급하지 않았다. 장 피에르 구다이예르는 클로드 아제즈가 서문을 쓴 그의 책 《수다 떠는 법: 시테들에서 사용되는 현대 프랑스어 사전》(메조뇌브 에 라로즈, 1997년)에서 과거의 대중적 화법과 오늘날의 그것을 구별하고 있다. "전통적인 은어 사용자가 자신이 자기 구역과 거기서 사용되는 대중적 언어에 속해 있다고 느끼는 것과 마찬가지로 오늘날 시테·교외·구역의 화자들은 그들 자신의 언어적 산물 안에서만 동일한 언어의 대피소를 찾을 수 있다. 그런데 그것은 나라 전체에 해당되는 '국가적' 서민들의 프랑스어에 대한 모든 기준과는 동떨어진 것이다." 당신은 동일성을 찾을 수 있는 대피소로서 합의된 언어라는 개념에 관해 어떻게 생각하는가?

나는 그것이 만족스럽지 않다. 우리는 그가 어떤 연령층, '젊은이들,' 특히 '고달픈' 변두리 젊은이들에게 국한된 문제들을 사회 전체로 일반화시켰다는 것을 즉시 알아차릴 수 있다. 프롤레타리아와 식민지의 피지배자 이후 변두리의 젊은이는 새로운 사회의 메시아 사상의 인물로 등장──그 자신의 운명, 그 자신의 삶의 곤란의 대가로──하려 하고 있다. 그와 함께 새로운 세상이 탄생할 것이다. 그리고 이미 새로운 언어가 탄생했다. 이 국지적 화법의 탄생은 텔레비전·라디오의 중개를 통해, 그리고 학교가 양보해야 한다고 생각하는 그 자리를 통해 공식적인 중계가 주어지지 않았다면 그러한 자리를 차지하지 못했을 것이다.

이 담론을 통해 그는 무엇을 가정하려는 것인가? 학교가 하나의 언어, '정확한' 프랑스어를 독단적으로 강요하는 것? 이런 상징적 폭력은 정체성의 상실이고, 그것은 새로운 은어에 의해 보상받을 수 있다는 것? 이것, 학교에 대한 전쟁이라는 것도 틀린 질문이다. 왜냐하면 역설적으로 이민 2세대의 자식들에게 오늘날의 상황은 30년대에 프랑스어를 전혀 못하면서 교실에 들어간 폴란드나 이탈리아 출신의 아이들이 겪어야 했던 상황보다 훨씬 덜 힘들기 때문이다. 반대로 힘든 것은 그들과 그들의 부모들에게 닥친 상황이다. 실업, 불안정한 혹은 초라한 주거 환경 등 미흡한 문화 향상이 그것이다. 하지만 아니다. 그들은 작은 기회라도 얻을 수 있는 유일한 장소, 학교에 모든 고통의 책임을 지우는 편을 택한다. 사실 오늘날 이민자의 자녀가 고등교육을 받을 수 있는 가능성은 전혀 없기 때문이다.

오늘날 프랑스에서 프랑스어를 전혀 모르고 입학하는 아이는 거의 없다. 그들은 탁아소에 가고, 유치원에 간다. 그들은 통합하는 과정에 있지만 우리는 그들을 정체성의 위기로 내몰면서, 즉 그들이 자유를 획득하도록 도와 주는 대신 타고난 조건들 속에 그들을 가둠으로써 그 과정을 중단시키고 있다. 어머니와 다른 말을 해야 하는 것, 더 이상 어머니가 그의 말을 이해할 수 없다는 것은 지난 세기의 80년대에 브르타뉴 지방의 어린이들이 그랬던 것처럼 폴란드·이탈리아 이민의 자녀들에게도 분명 심각한 정체성의 위기요, 괴로움이요, 고통이다. 괴롭지 않은 통합은 없다. 하지만 그 당시 우리는 통합에 대해 전혀 다른 개념을 가지고 있었다. 폴란드 이민 2세대들은 부모들이 경제 공황을 피해 일자리를 찾으러 온 것이고, 다른 이들은 유대인 박해를 피해 도망온 것이기 때문에 상당히 비싼 값을 치른 정체성에 대해 프랑스가 '반성'이라는 이름으로 제안한 모델을 거부할 까닭이 없었다. 초등학교가 지역 언어의 압연기였다는 말은 많이 했다. 우리는 교실에서 브르타뉴어로 말하던 남학생의 목에 나막신을 건 일도 상기했다. 최근의 한 책(장 프랑수아 샤네의 《공화국의 학교와 조국들》, 오비에, 1996년)은 아이들이 프랑스어 안으로 들어옴에 의해 보편에 접근할 것을 제안하는 동시에, 지역의 특수성과 그것의 고수를 존중하고 찬양한 교사들이 옳다고 인정하고 있다. 이것은 오늘날 학교가 할 수 없는 것이다.

■ 뵈르(마그리브 출신의 이민 2세대)들은 경우가 다르다……. 그래도 30년대와 현재 사이에는 커다란 차이가 있지 않은가?

큰 차이점은 그때는 교사들의 일에 브레이크를 걸 수 있을 정도로 학교에 대한 불신의 움직임이 이렇게 거세지 않았다는 것이다. 그때는 아이들이 선생님에게 브르타뉴어나 폴란드어로 수업을 해달라고 요구하지 않았다. 아이들은 곧 두 언어를 구사할 수 있었다. 많은 경우 그들은 어머니에게서 읽기와 쓰기를 배웠다. 이것은 마그리브(모로코·튀니지·알제리를 포함하는 북아프리카 지방) 출신 가정들에서 최근까지 있었던 일이다.

■ 그러니까 당신은 국어의 주도성을 고수하자고 주장하는 것인가?

물론이다! 한 나라가 공식적이고 유일한 하나의 국어를 가지고 있을 때 교육은 그 언어로 이루어지고, 학교는 그 언어 안에서 읽기와 쓰기를 가르친다. 그로써 끝이다. 거기에는 그 누구에 대한 어떤 불의도 없다. 하지만 나는 좀더 멀리 가 보겠다. 지금 우리가 이민 2세들에 대한 영향을 슬퍼하고 있는 학교 언어의 충격이 프랑스인 부모를 둔 자녀들이 학문을 향상시키는 상황에서, 다시 말해 공들여 만들어진 문자 언어를 처음 접할 때 겪는 충격만큼 강하고 거셀까? 과거에 시골에서 온 아이들의 경우가 바로 그랬다. 그것은 오늘날 문화적으로 혜택을 덜 받는 계층 출신의 아이들도 마찬가지이다.

■ 통합의 문제를 부인할 수는 없을 텐데…….

그것을 부인하는 게 아니다. 다만 통합에 장애가 되는 것으로 간주되는 언어들의 힘보다는, 변두리를 다루는 일부 사회학이 친절하게 세우고 묘사하며 마침내는 일종의 자기 암시에 의해 야기하는 가공의 장애물들이 더 문제라는 것이다. 결론적으로 우리는 학교의 정당성, 학교의 일할 권리를 부당하게 거부하고 있다. 부모들이 프랑스에서 살고 일하며 그들의 아이들을 학교에 입학시키고 가족수당을 타는 한, 이 아이들에게 프랑스어 교육을 하는 것이 문화적 제국주의나 지나친 권한은 절대 아니다.

아이들이 가정에서 겪는 경험에 비해 학교에서 겪는 경험이 그들에게 어떤 고통을 안겨 주는 것은 불가피한 일이다. 하지만 이 고통이 새로운 것은 아니다. 집에 돌아와서 어머니에게 교과서에 대해 말할 수 없었던 브르타뉴 지방의 아이들 또한 베니시외 지역에 사는 어린 뵈르만큼 고통스러웠다.

그랬을지도 모르지만 정체성의 대피소는 존재했다.

정체성이라는 단어를 두고 왜 다들 이렇게 혼란스러워하는가! 그들이 웹과 정보의 현대적인 '탈속지화'를 찬양하면서 그것을 변호하는 바로 그 아이들이라는 점에 유의해 달라…….

정체성은 출신지의 집단 '문화'로의 회귀인가, 아니면 모든 철학적 전통을 가지고 문화——이번에는 인류학의 의미에서가 아니라——의 도움을 받아 우리가 자기 자신이 되기 위해 선택한 어떤 것인가? 왜 정체성은 후퇴·대피소·회고가 되어야 하는가? 자기 자신이 되는 것, 자유로운 것. 우리는 이 말의 의미를 잊었는가? '가족, 나는 너를 증오한다'라는 말은 모든 프롤레타리아나 이민 가정이 아니고, 오직 부르주아의 가정에만 해당하는 말일까?

하지만 모든 이질 문화의 수용에 내재된 고통, 괴로움의 이야기로 다시 돌아가자. 그것은 언어의 다양성이 문화적·역사적 조건이었던 나라들에서는 대단히 생산적이었다. 들뢰즈가 너무나 잘 분석해 놓은 카프카의 경우를 보자. 1900년 프라하에서는 독일어가 문화어였고, 체크어는 민중어·가정어였다. 1848년에 발행된 최초의 체크어 사전은 독일어로 작성됐다. 카프카의 '정체성의 대피소'는 어디인가? 유모들, 가정교사들, 그를 성적으로 유혹하던 어린 여공들의 언어인 체크어인가? 독일어인가? 만일 독일어라면 어떤 독일어인가? 상인의 독일어인가? 그보다는 문학의 독일어, 위대한 문헌들·괴테·클라이스트의 독일어일 것이다. 훗날 그는 이디시어〔동부 유럽 유대인이 쓰는 독일어와 히브리어의 혼합어〕를 발견하고 이 언어에 몰두한다. 그리고 죽기 직전에는 베를린에서 도라 디아만트와 함께 팔레스타인으로의 불확실한 출발을 위해 헤브라이어를 공부한다……. 하나의 '정체성'을 발견하는 것은 얼마나 풍요롭고 얼마나 자유로우며 얼마나 가능성이 많은 일인가!

그런데 이 장치, 즉 오래 전부터 한 곳에서 하나의 언어로 말하는 역사적인 행운을 누리고 있는, 그리고 하나의 통합력을 구성할 수 있을 정도로 충분히 강한 정치적·경제적 모델을 오랫동안 제시해 온 프랑스에서는 감히 생각할 수 없을 것 같아 보이는 이 장치가 전적으로 다른 것으로 바뀔 수 있다. 왜냐하면 프랑스어 안에서도 이 모든 층을 찾아낼 수 있기 때문이다. 프랑스 아이에게 체크어에 해당하는 것은 그가 집에서 말하는 언어, 어머니의 말투이다. 만일 그가 지배적인 계층에 속하지 않는다면 학교에서 가르쳐 주는 언어는 그에게 모국어와 다른 통합의 언어이다. 이 일을 가지고 법석을 떨지 않는 것은 결국은 같은 언어이기 때문이다. 하지만 이것은 괴로운 일이다. 누가 제자리에서 멈추겠는가. 프랑스어 안에서도 우리는 고등 언어 · 학술 언어로 옮아갈 수도 있고(그것은 학자들 집단의 언어가 될 것이다), 아니면 책을 읽거나 씀으로써 작가 · 철학가 집단이 사용하는 언어에 도달할 수도 있다.

▌ 그러니까 당신은 프랑스어와 시테어간에 불일치가 있다는 말을 믿는다는 말인가?

학교는 대개 지역 문화를 충분히 존중하지 못한다, 통합 과정에 있는 아이들에게 손해를 끼친다고 강하게 주장한다고 해서 누구에게, 특히 이해 당사자들에게 도움이 되지는 않는다……. 그렇다, 가정에서 쓰는 말과 학교에서 배우는 말 사이에 모순이 있다. 그런데 전문가들 · 사회학자들 · 언어학자들의 담론은 부정적인 측면만을 끄집어 내고 있다. 어떤 위험한 배려는 거기서 자유라는 목적이 아닌 대립과 분열을 본다. 하지만 모든 아이들이 그것을 알고 있고, 그것이 반드시 나쁘다고 생각지는 않는다. 우리 모두 학교의 영향력으로부터 벗어나기 위해 단정치 않게 말하고 싶어한 적이 있다.

▋그러니까 당신은 클로드 아제즈와는 전혀 다르다. 그녀는 당신과 정반대로 시테들의 매개 언어 화법을 하나의 정체성의 이동에 속하는 것으로 간주하고 있다.

이 모든 것이 '여러 문화의 공존'에 대한 찬사라는 광범위한 이데올로기적 움직임에 속하는데, 이 움직임이 지금은 한풀 꺾인 듯하다. 여러 법률 만능주의가 될 수 없다면, 일정한 나라 안에서 다양한 법률 혹은 일부다처제, 소녀들의 음핵 절제 등등의 관습법을 수용할 수 없다면 여러 문화의 공존에서 무엇이 남겠는가? 국가의 전통으로서 과부들의 화장용 장작더미를 들고 런던에 상륙한 인도인은 아무리 공동체주의가 프랑스보다 훨씬 더 강한 영국이라도 그것을 실행에 옮길 수 있는 기회는 거의 없을 것이다. 여러 문화의 공존은 결국 모든 출신지, 모든 문화, 모든 부양 행위 혹은 사적 행동에 대한 정당한 존중을 위해서가 아니라 넉넉한 손님들을 위해 거리와 상점가를 지배하는, 상품에 대한 개방이라는 세계적인 이데올로기를 위해 존재한다는 것이 밝혀진다. 이것이 같은 상품 견본 대장을 갖지 못한 사람들에게 경험의 기회를 주는 거라면 다행이다. 하지만 나아가 이것은 미테랑이 집권할 당시 폭넓게 야기한 극우파라는 적과 싸우기 위해 좌파에 의해 인위적으로 부풀려진 이데올로기이다. 그리고 오늘날 그것은 무너졌고 모든 의미, 특히 학교에서의 의미를 잃어버렸다. 왜냐하면 학교는 여러 문화가 공존하는 학교가 될 수 없기 때문이다. 학교는 다른 문화 출신의 아이들을 관심과 호의·이해심을 가지고 받아들일 수는 있지만, 그들을 교육의 주축으로 삼을 수는 없다.

시테어와 함께 문맹 문제, 그리고 방톨리아가 '문맹적 독서'라고 부르는 것의 문제가 있다. 조사된 문맹자들 가운데 8퍼센트가, 사회 전체가 그 사회의 아이들을 음성 언어와 문자 언어를 이용해 '그 사회의 언어와 성실하고 평화로운 관계'를 맺을 수 있게 이끌 수 있는 능력이 없음을 증언하는 딱딱한 핵으로 남는다. 문맹이 증가하는 것도 문제이지만, 우리를 무능하게 만드는 것도 문제이다. 당신은 이것을 어떻게 설명하겠는가?

왜냐하면 우리는 그것의 원인을 은폐하려 애쓰고 있기 때문이다. 우리는 그것을 너무나 잘 알고 있지만 거기엔 너무 많은 이해 관계——발행자의, 노조의——가 걸려 있고, 개혁을 옹호한 경력들이 너무 많이 만들어져서 이 사실을 공개적으로 발언할 수 없기 때문이다.

'책임을 묻는다'라는 말의 본래 의미에서 비난해야 할 것은 모국어, 즉 프랑스어의 모든 학습 단계이다. 초등학교에서, 그리고 중등 교육 과정중인 중학교에서, 그 다음 고등학교에서. (여기서 나는 한 단계 거슬러 올라가 비난의 방향을 바꾸어야, 즉 전체 제도, 그 중에서도 특히 이 분야를 맡은 교사들의 불충분한 양성에 비난을 가해야 한다.)

당신은 대학 1학년생이 être(~이다, 있다) 동사와 avoir(가지다) 동사를 혼동해서 'il est'(그는 ~이다)라고 써야 할 것을 'il

> 학교는
> 여러 문화가
> 공존하는
> 학교가 될 수 없다.

ait'(avoir의 접속법 현재)라고 쓰거나, 또는 'il a était'(être의 복합과거, été라고 써야 함) 하는 것이 정상이라고 생각하는가? 교육 제도 전반에 걸쳐 '철자법' 뿐만 아니라 용어·문법, 그러니까 결론적으로 말해서 사고에서 오는 실수들에 대한 관용이 지배하고 있는데 그 관용의 수준이 거의 범죄적이다. 독서의 학습 과정은 많은 작품들 안에서 릴리안 뤼르사에 의해 훌륭하게 준비되었다. 그녀의 결론은 극도로 가혹하다. 소위 '전체적인 방법' 뿐만이 아니라 그보다 훨씬 복잡한 방법과 이데올로기적인 담론의 총체가 문제라는 것이다. 그녀는 많은 것들 가운데에서도 특히 푸캉베르의 의견에서 착상을 얻은 방법, 단어를 확인하지 않고 의미를 찾아내는 독서 방법으로 인한 큰 피해를 묘사했다. 일례로 만일 어떤 아이가 "한 친구(ami)가 폴로의 집에 왔다" 대신 "한 녀석(copain)이 폴로의 집에 왔다"라고 말하면, 여기서 우선권을 가지는 것은 의미이기 때문에 정정해 줄 필요가 없다. 이런 심각한 기능 장애들은 아무도, 교육성의 평가국조차도 확인할 수 없는 수치에 달했고 불성실의 한계에 달한 위장 작업에 경의를 표해야 할 지경이다. 중학교 1학년 학급에서 거의 20퍼센트의 아이들이 프랑스어를 정확히 구사할 줄 모르는데, 그것은 초등학교에서 정확히 배우지 않은 탓이다. 현재 미래의 학교 교사들에게 주어지는 양성 과정을 가지고 이것을 교정한다는 것은 어림없는 소리이다. 나는 문학사나 과학사를 딴 이후에 '교사'를 모집하는 방식과 수준에 무척 관심이 많다. 여기 2년의 IUFM(교육양성원) 과정 뒤에 수업을 가르쳐야 하는 학생들이 있다. 대학에서 3년을 공부한 학생이 어린아이들에게 프랑스어를 가르치기 위해 초등학교로 발령이 난다는 것은 수치스러운 일이다. 문학부 3학년의 보통 학생이 2년 뒤 초등학교 교실에 있으면서 무엇을 가르칠 수 있을까? 그 교실에서는 수학·철자법·지리·역사·문법도 가르쳐야 하는데.

IUFM에서는 미래의 교사들에게 특정 지식이 부재해도 아동 교수법과 심리학의 급증에 의해 보상받으니 괜찮다고 주장하고 있다.

> 당신의 비관론은 중학교에 관해서도 마찬가지인가?

나는 '비관론자'가 아니다. 분개한 것뿐이다. 중학교의 경우 나는 프랑스어 교육이 적어도 교과서 안에서 볼 때, 텍스트들의 뒷받침을 멀리하고 서술적이며 복잡하고 추상적인 언어학의 손에 통째로 들어간 것을 통탄하는 바이다. 일체의 언어 수준을 고려하지 않는 이런 언어학적 기술은 어떤 규범의 학습, 내면화의 중요한 차원과 관계를 끊는 반면, 프랑스어로 저술된 최고의 문헌들을 참조하지 않는 것은 구문론적으로 제한되고 그 언어의 시적 특성, 이미지, 은유, 비유적 표현 등을 잃은 극도로 빈곤한 이미지를 준다. 이것의 결과 중 하나는 문학적 체험이 학생들의 커리큘럼에 점점 더 늦게 개입하게 된다는 것이다. 문자 언어의 힘과 풍부함은 뒷자리로 밀려나 어떤 교과서들은 단순과거처럼 글에서만 볼 수 있는 형태들은 아예 거명도 하지 않을 정도이다.

■ 하지만 모든 프랑스어 문법이 언어학의 모델 위에서 구상되는 것은 아니다.

거의 모두 그렇다. 중학교 3학년의 어떤 교과서는 문법 제2과부터 야콥슨의 여섯 가지 언어 기능을 다루고 있다. 시적 기능, 인식 기능 등. 가장 과학적이고 가장 덜 인상주의적이며 가장 덜 주관적이고 위대한 문헌들의 엘리트주의에 가장 덜 기대는 교육을 한다는 핑계하에 그들은 아이들을 그들의 언어의 진정한 원천으로부터 격리시켰다. 이것은 배반 혹은 독직(瀆職)이다. 멋대로 잘못 이해된 원칙 비평도 큰 피해를 낳았다. 하나의 언어를 배우는 것, 하나의 규범을 배우는 것, 그것은 오류투성이의 형태와 그것들을 사용하는 사람들을 통렬하게 비난하거나 판단하는 것이 아니다! 규범에 대한 가르침이 없다면 더 이상의 가르침이 있을 수 없다. 왜냐하면 배운다는 것은 아무것도 없어서는 안 되는 규칙과의 어떤 관계를 내면화하는 것이기 때문이다.

■ 어떤 점에서 문법 교육과 독서 교육이 연관된 부분이 있다고 보는가?

왜냐하면 텍스트들은 언어에 대해 더 정확하고 더 고급한 사상을 제공하기 때문이다.

프랑스어 교육에 관한 교육법 개혁의 기초를 이루는 일반론의 대부분은 사고의 답답한 빈곤에서 나온 것이다. 개혁의 지지자 중 한 사람의 글을 볼 때 우리는 그것이 교육자이든 교육학 교수이든 예외 없이 그 밑에 깔려 있는 지독하게 단조로운 철학에 괴로워하게 된다. "어느 시대나 인간은 소통하고자 했다." 또는 "언어는 자신의 생각을 표현하는 데 사용된다." 마치 그것이 저절로 이루어진다는 듯이, 그리고 그것이 교과서의 입안자는 모르는 듯한 상당수의 철학적 사고들의 목표가 아니었다는 듯이. 그런데 바로 이 철학이 어떤 개혁들 혹은 개혁의 계획들, 이를테면 철자법의 개혁 같은 것을 조종한다. 만일 언어가 소통하는 데 쓰인다면 우리는 그로부터 언어가 하나의 코드라는 것을 연역할 수 있다. 그런데 하나의 코드가 원활하게 작동하지 못할 때 우리는 그것을 수정한다. 도로 표지판처럼 말이다. 이런 내용이 로카르 정부 때 권고됐던 철자법 개혁안 안에 여기 적힌 그대로 존재하고 있었다. 그리고 몇 사람이 이 개혁에 반대했을 때 그들을 복고주의라 비난했고, 그들이 미국의 반동 사상가들 패거리에 합류했다고 말하였다.

언어는 코드가 아니다. 언어는 도로 표지판이 아니다. 언어는 소통하는 데 '사용되지' 않으며, '자신의 생각을 표현하는' 데 사용되지도 않는다. 감히 말하건대 언어는 무엇보다도 먼저 생각하는 데 사용된다. 언어를 학습하는 것은 생각을 학습하는 것이다. 쓰기·말하기·읽기를 배우는 것은 생각하기를 배우는 것이다. 그리고 생각하기를 배우는 것은 문장의 구성 관계, 시간과 장소, 원인과 결과를 배우는 것이다. 표현의 논리가 어떻게 문장 안에 구현되며 살아 있고 이해되는지를 배우는 것이다. 따라서 문법은 일련의 법칙 이상이 된다. 문법은 반성이고, 문장 안에 기록된 사고 방식의 학습이다.

▎이렇게 규범의 학습이 부족하면 어떤 결과가 나타나는가?

문장의 논리적인 맥락 파악의 혼란은 막대한 결과를 낳는다. 그것은 서술, 이야기의 이해, 사건들을 논리와 전개 안에서 파악하는 데에 영향을 끼친다. 그리고 영화 혹은 소설이라는 이야기의 줄거리에 관한 모든 생각이 장소이다.

지적할 것 한 가지. 가장 규범적인 자들은 텍스트 없이도 문법을 공부할 수 있다고 생각하는 자들이다. 왜냐하면 사실 그들은 모든 놀라운 예외들, 여백과 다른 남용들(그것의 문학은 가득 찼다)을 포기하고 정해지지 않은 규범, 현대어에 의거하려고 하기 때문이다. 언어는 하나의 무기이다. 언어를 가장 필요로 하는 사람들로부터 그것을 빼앗는 것은 범죄 행위이다. 왜냐하면 학교의 이중 본성——공화국의 학교이고, '계급의' 학교이다——으로 인하여 모든 지식에 시민의 규율과 언어에 대한 지배권을 제공하는 것, 그리고 특히 가장 혜택을 누리지 못하는 사람들에게 사회나 가정이 제공하지 않는 무기들을 주는 것도 학교의 소관이기 때문이다.

▎어떤 의미에서 그러한가?

발표를 할 때, 대학 1학년생이 대단히 파격적인 용어를 자주 사용한다. 교수가 그에게 "'따귀를 한 대 맞다'라고 하지 말고 대신 '뺨을 한 대 맞다'라고 해라"라고 지적하자(친절하게도!) 그는 놀란다. 이는 중학교 1학년 때부터 우리는 글이나 말의 표현을 정정할 필요가 있다고 생각지 않는다는 것을 의미한다. 언젠가 내 동료들 중 하나가 말했다. 발표만 좋으면 됐지 그게 뭐가 중요해?

학교가 물려받은 차별에 맞서 싸우지 않으면 우리는 어떻게 사회적 격차가 벌어지고 강화되는지 모른단 말인가? 항상 경제 논리를 말해야 하므로, 문자 그대로 '노동 시장'에 남겨진 이 아이들에게 어떤 기회를 줄 수 있는가? 그리고 자유와 해방의 관점에서 볼 때도 뭔가가 빠졌을 것이다.

■ 무엇이 빠졌단 말인가?

모든 것이 반엘리트주의와 '모든 문화에 대한 존중'에 관한 기본적인 실수에서 비롯됐다. 존재 방식——출생, 신체, 성별, 키, 체중, 피부색, 말하는 투——면에서 모든 사람을 존중하는 것, 이 존중은 반드시 필요하다. 이것은 민주주의의 하나의 법칙이다. 각자는 자기 자신으로서 존중받을 권리가 있다. 하지만 그렇다고 그것이 학교의 교육적 계획에 부정적 표시를 남기지는 않는다. 학교가 괴로움의 장소가 될 수 있다는 생각을 버리는 것, 그것은 학교를 버리는 것이다.

반엘리트주의는 학생의 현 상태에 관한 배려가 됐다. 하지만 학생의 현재 모습만이 아니라 그가 되려고 하는 것, 사람들이 그를 두고 꾸는 꿈, 변화할 수 있는 그의 능력도 중요하다. 변화는 뭔가를 부순다. 규범의 모델에서 성숙함의 모델로의 이행은 이런 법칙을 깨고자 했다.

■ 당신은 재생산, 즉 학교가 기회의 불균등을 반복하는 방식에 관한 피에르 부르디외의 주장을 전혀 신뢰하지 않고 있다. 언어 앞의 불평등은 중요한 측면의 하나인가?

학교는 모두에게 절대적으로 필요하지만, 문화적으로 학교로부터 먼 여건에서 태어난 사람들에게는 더욱더 필요하다. 그리고 이런 거리가 고통스러운 경험, 충돌을 일으키는 경험의 원천이 된다. 만일 '서민'의 아이가 가장 우대받는 아이들만큼 자신의 역량을 발휘하는 데에서 강한 만족을 느낀다면, 동시에 그 아이는 자기가 어떤 방식에서 자신의 계급을 '배반하고' 있다는 것을 알고 있다. 요즘 나는 잭 런던의 자서전인 《마틴 이든》을 읽고 있다. 마틴 이든은 스무 살 때 그의 생애를 보낸 계층, 선원들과 창녀들의 계층을 떠나 공부를 시작하기로 결심한다. 그리고 이 책은 그에게 가해진 엄청난 폭력, 문자 그대로 육체적인 폭력을 묘사하고 있다. 그는 점점 말라 가고 잠도 자지 못한다. 그의 얼굴, 그의 입은 영어를 정확히 발음하기 위해 변형된다. 그리고 갑자기 그는 자신이 거부해야만 할 하나의 모델에 복종하고 있다는 것을 발견한다. 그는 신사가 되고 싶었던 것이다. 이것이 신사가 되기 위한 것이라면 이 모든 것이 무슨 소용 있단 말인가? 사실 그는 거기에, 양복을 입고 뗴었다 붙였다 하는 칼라를 착용하기 위해 자신의 선원으로서의 몸을 부수려고 한 것, 고용주들·판사들처럼 '유창하게 말하기' 위해 그의 은어식 발음을 부수려고 한 그것에 하나의 함정이 있는 것을 알았다. 그의 누이들은 이제 그를 알아보지 못하지만, 부르주아들은 그를 더 그들 편에 끼워 주지 않는다.

하지만 그는 포기하지 않는다. 그는 후퇴하고 싶어하지 않는다. 그렇다고 부정확한 영어를 하고, 그의 누이처럼 악취 나고 누추한 집에서 사는 것도 더 이상 그의 미래는 아니다. 멋진 집, 화려하게 꾸민 여자들, 잔디를 가진 부르주아가 되는 것도 아니다. 지나치게 심한 이런 긴장감에 그는 저항하지 못한다. 성공한 작가가 된 그는 자살하고 만다. 잭 런던도 그렇게 하지만, 그래도 그는 사회주의자들 편에서 정치 참여를 한 적도 있다.

노동자의 생각의 중심에 있는 이런 고통은 개인적인 체험면에서, 혁명 의식에서 대단히 생산적인 역할을 했다. 우리는 학교와 고급 언어를 위해 소문과 어머니를 버려야 한다는 내용의 유치한 마르크스주의의 담론에 의해 그것을 깨뜨렸는데, 그것은 결국 지배자들의 법에 복종하는 행위가 될 뿐이다. 따라서 지배받는 자들이 지배받고 착취당하는 자로서의 정체성을 보존하려면 지식과 학교의 폭력을 거부해야 할 것이다.

마틴 이든의 경우에는 그랬지만 잭 런던의 경우에는 그렇지 않았다. 지배에서 벗어나는 것, 그것이 반드시 지배자들에게 합류하기 위해서는 아니다. 사회학 만능주의가 오류를 범한 곳이 그 부분이다. 자신의 출신 계급에 등을 돌리는 것, 깃을 세운 사람들과 합류하기 위해 자신의 어머니에게 침을 뱉는 것이 아니다. 당신에 앞서 사회적 소외로 인해 고통을 겪은 사람들조차도 원하지 않는 맹목적인 집착에 의해 자신의 '근원'으로 돌아가는 것은 더욱 아니다. 두 개의 모델 사이의 이런 긴장, 당신을 한 사람의 자유로운 남자(여자)로 만듦으로써 생을 불편한 것으로 만드는 긴장 위에서 자신을 형성하는 것이 중요하다.

■ 알튀세는 우리는 이데올로기를 파괴하지 않고 변형시킨다, 우리는 존재하는 것으로부터 출발해야 한다는 것을 가르쳐 주었다. 우리는 여전히 계급 사회에 살고 있는데……

그렇다, 프랑스의 학교는 계급 사회의 학교이기도 하다. 따라서 우리는 계급 사회가 몸·상상력·언어 등에 남긴 것을 학교가 해결해 줄 것이라고 생각할 수는 없다. 그러나 사회적인 삶의 일상적인 부인에도 불구하고 '보편'에 대한 그것의 애착은 그것에 대항하지는 못할지언정 적어도 가장 혜택을 누리지 못하는 사람들에게 유리한 쪽으로 '돌아갈' 수는 있다.

그런데 이런 사회학적 궤변들은 오늘날 학교가 '지배받는 사람들'이 빼앗길 것이 아무것도 없으며, 그들이 그들 자신의 역할에 충실할수록 그들은 더 성숙한 인간이 되고 그 자체로서 존중받을 것이라고 간주하는 결과를 초래했다. 그러므로 그들의 프랑스어 실수를 바로잡는 것은 그들의 자유를 해치는 짓이다. 좀더 멀리 가보자. 학교는 지배받는 자들의 해방에 대한 이런 전복의 음모에 저항하고 자진해서 참가하지 않는다는 것도 인정하자. 가장 도움을 필요로 하는 사람들과의 연대감을 드러내 보이는 것, 다시 한 번 말하건대 그들에게 교육이라는 무기를 제공하는 일은 교직자들에게 돌아갈 것이다. 그들의 정치적인 임무가 될 것이다. 그들은 이런 커리큘럼과 프로그램 쪽으로 방향을 바꿔야 할 것이다. 하지만 사실은 그 반대이다! 우리는 변두리의 젊은이들에게 그들이 이미 아는 것, 랩과 하위 문화를 제안해야 한다고 생각한다!

동시에 진정한 공화국의 학교는 모호하고 이상주의적인 그의 보편적인 야심을 사회적 차원에 의해 수정해야 할 것이다. 선생님들은 만일 그들이 정치적으로 그래야 하는 존재——교직자 또는 교사는 무엇보다도 먼저 하나의 정치적 기능이다——라면 그들을 가장 필요로 하는 사람들에게 봉사해야 할 것이다. 그것이 지배층 자신이 깊숙이 몸담고 있는 이데올로기화한 허세에서 벗어나는 것을 돕는 것은 아닐까.

■ 불평등도 모든 학교에 존재하는 차이에서 오는 것이 아닌가?

그래서 내가 통합 중등학교를 다시 거론하지 않는 것이다. 통합학교는 필요하다. 초등학교처럼 그것은 모든 사람의 학교가 되어야 한다. 그러려면 아마도 약간 더 이른 나이, 열네 살쯤에 다양화 과정을 거쳐야 할 것이다.

통합학교의 진짜 문제는 지식을 전달하는 방법이다. 따라서 교사를 모집하고 양성하는 방법도 문제가 된다. 우리는 지식 분야에서 교사들이 부족한 실정을 교육자연하는 것을 더 높이 사고, 학습·읽기 혹은 계산 문제들을 해결한 것으로 간주되는 심리학에 계속 도움을 청하는 것으로 만족했거나 또는 은폐했다. 그건 자명한 사실이다. 수준 있고 내실 있는 교육으로 해결할 수 있었을 것을! 철자법의 문제가 모두 철자법 장애나 독서 장애에서 나오는 것은 아니다. 계산의 곤란이 모두 계산 능력 장애에서 나오는 것은 아니다!

이런 의학적 해결은 걱정스럽다. 그것은 한 아이가 읽거나 셈하지 못하는 것은 대개의 경우 올바르게 배우지 못했기 때문이라는 사실을 은폐하기 위해 요구·변명·정당화의 악순환을 전개시킨다.

통합학교는 초등학교와 마찬가지로 진정한 공화국의 용광로가 되어야 할 것이다. 왜냐하면 그것은 모든 이를 위해 교육 연령을 열여섯 살까지 연장했기 때문이다. 모든 사람이 같은 경로를 거쳤다.

하지만 통합학교는 교사 양성 계획에 큰 노력을 요구했다. 심리학·교육학·교육과학이 많은 자리를 차지한 것은, 그에 대한 필요성을 느껴서가 아니라 그 필요성이 지식 분야에서 충분한 훈련이 부족하다는 것을 느끼게 했기 때문이다. 우리에겐 많은 교육자가 필요했고, 결국 2년의 교육학 양성 기간을 거치게 해서 이 장래의 교육자들의 대다수를 좀더 높은 수준의 지식과 학문적 능력에 접근하게 하는 것이 더 빠르며 더 쉽고 더 경제적이었다. 학습·개시·개화·교수법과 학교 시험 제도 연구(성적 평가 제도에 대한 연구)의 개념들에 대한 약간의 충동적인 철학, 현학적이지만 내용 없는 어휘——'학습자들' '재조정' 등——는 불충분한 양성 과정을 신속히 마치게 한다.

지식이 전부는 아니다. 롤랑 바르트는 말했다. "우리는 우리가 아는 것을 가르치는 것이 아니라 우리가 어떤 존재인가를 가르친다……."

 그럴지도 모른다. 지식만으로 가르칠 수는 없다. 하지만 무식한 것은 가르치는 행위를 심히 방해한다. 초등학교와 중등학교의 교사를 양성하는 것이 문제의 핵심이다. 그리고 그것은 전적으로 심리학자들과 교육학자들의 손에 달려 있다. 그래서 학교가 자기 만족 안에 있어야 하는 처지가 된 것이다. 왜 많은 교사들이 그들의 요구 수준을 낮추었는가? 학생들의 기분을 상하게 하지 않으려고? 그럴지도 모른다. 하지만 가장 중요한 이유는 그들에게 선택권이 없기 때문이다. 왜냐하면 그들의 양성 과정은 너무 취약하고, 어떤 요구 수준을 유지하기에는 그들의 지식이 터무니없이 불충분하기 때문이다. 설사 모든 변두리가 위험하지는 않다 해도 그들은 학생들과의 대면에 대해 지나친 두려움을 깆게 될지 모른다. 아무튼 학교에서 젊은이들을 보살펴 주지 않으면 우리에겐 다른 방안이 없다. 그러니 왜 그들에게 요구를 하겠는가, 왜 그들의 철자법의 실수를 고쳐 주겠는가? 훌륭한 교사들도 패배를 인정하고 있다.

■ 당신은 미셸 세르처럼 웹이 언어와 지식의 전통적인 학습에 접근할 수 없었던 사람들에게 희소식이 될 수 있다고 생각지 않는가?

 인터넷의 환상이다! 마침 나는 교육자들을 대상으로 한 어떤 강연에서 미셸 세르의 터무니없는 발언을 지적한 바 있다. 그것은 신기술과 관련된 것이다. 그는 먼 과거로 후퇴하면서 페다고지(la pédagogie; 교육법, 교육학)란 말이 '아이들의 여행'을 의미한다고 설명하고 있다. 나만큼이나 그리스어를 잘 아는 미셸 세르는 그것이 사실이 아니라는 것을 알고 있다. 페다고지는 아이들을 이끄는 기술이다. 전혀 다른 것이다. 그런 다음 그는 덧붙인다. 옛날에 여행은 지식을 향해 가는 것을 의미했다고. 지금은 웹 덕에 지식이 우리를 향해 온다고. 그리고 그는 계속한다. 옛날에 지식은 교육자로부터 피교육자에게로 갔다. 지금은 이 관계가 뒤집어져서 아이는 아버지나 선생님보다 화면에 나오는 영상들과 키보드 앞에서 문제를 더 잘 해결해 나갈 수 있게 됐다. 이제 지식은 피교육자로부터 교육자에게로 간다. 이 어인 민중 선동책이란 말인가! 한 철학자가 시대 앞에 그런 아양 같은 비굴한 짓을 저지르는 것을 보고, 매년 크리스마스 때마다 "당신의 아이가 성공하기를 원한다면 아이에게 컴퓨터 장비를 갖춰 주십시오!" 어쩌고 하며 신문을 거짓 광고로 도배하는 기계(컴퓨터) 판매업자들에게 도움을 청하는 것을 보고 어찌 맥이 빠지지 않을 수 있겠는가?

새로운 질서가 생길 때까지, 웹의 시대에도 아이에게 생각하는 법을 가르치는 것은 반드시 교사여야 한다. 설령 아이가 교사로 하여금 자신의 행동에 관해 생각해 보게 만든다고 해도 말이다. 이것은 그들끼리 맺은 계약에 속한다. 이것이 성공한 학습의 조건이다. 그 조건이란 자신의 앞에 있는 사람의 지식을 신뢰하는 것이다.

▪ 기술의 문화가 반드시 그런 생각과 상반되는 것은 아니다. 신임 교육 장관 클로드 알레그르는 심지어 기술 문화가 학교 교육에서 실패한 아이들이 그것을 '따라잡을' 수 있는 하나의 방법이라고 주장하고 있다. 이 주장이 당신에게는 터무니없는 것으로 비치나?

무슨 말인지 잘 이해하지 못하겠다. 정확히 무엇이 문제인가? 엄밀한 의미에서 따라잡기가 문제라면 그것은 주로 읽기·철자법·셈의 기초와 관계돼야 한다. 당신은 정말로 그런 복잡하고 부담되며 부서지기 쉬운 장비를 동원해야 한다고 생각하나?

나는 오히려 여기서 전혀 다른 것이 문제된다고 생각한다. 즉 실패 상황이 다소 폭력적으로 표현되는 불만족의 출발점이 되지 않도록 다루는 것 말이다. '곤경에 빠진' 아이들의 마음을 가라앉히고, 잠시 걱정을 잊게 하고, 몰두하게 하고, 필요하다면 그들에게 컴퓨터를 맡김으로써, 그리고 그렇게 함으로써 우리가 그들을 위해 크게 노력하고 있으며 특히 더 좋은 것, 더 현대적인 것에 접근할 기회를 주고 있다고 믿게 함으로써 그들의 환심을 사는 것이다. 이것은 교육 과정이라기보다는 사회적 집단의 일반적이고 대규모적인 중독 현상에 속한다고 보겠다.

좌파는 거기에 열렬히 동참하고 있다. 그것을 지켜보기란 아주 괴로운 일이다.

▪ 언어는 음성 표현이고 살아 있는 말이고 대화이기도 하다. 당신은 25년 이상 전부터 낭테르에서 가르치고 있는데, 당

신이 가르치는 대학생들의 음성 언어의 변화에서 가장 충격적인 것은 무엇인가?

문자 언어·음성 언어를 막론하고 우리는 새로운 언어, 텔레비전 뉴스, 마케팅과 정치의 혼합이라는 이 새로운 언어의 출현에 대해 그다지 주의를 기울이지 않고 있다. 변두리에서 처음 나타나는 담화의 구술적 특성의 형태를 관찰하는 것은 흥미로운 일일지 모르지만, 우리는 또 이런 틀린 데 많고 오용도 많고 그것과 함께 특히 세계관, 그리고 젊음, 투쟁성, 성공의 가치와 같은 인생관을 전달하는 이 기술 용어를 분석하고 그에 저항하기 위해 동원될 수도 있다.

이 언어는 텔레비전의 덕을 많이 보았다. 한 대학생이 영화에 관해 발표할 때 '씨'를 강조하면서 '장 르누아르 씨'라고 말할 때가 있다. 마치 텔레비전에서 필리프 부바르가 "알랭 들롱 씨입니다! 큰 박수 보내 주세요"라고 말할 때처럼.

이런 뚜렷한 경우 학문적인 학습을 억제하는 것은 그들의 '정체성의 후퇴,' 그들의 어머니나 친구들의 언어가 아니라 사회 전체(교사도 포함해서)에 의해 합법적인 것으로 인정된 언어, 즉 텔레비전의 언어를 따르는 행위이다. 이 언어는 변두리의 언어보다 훨씬 강하다. 우리는 속어 사전을 만들 수도 있지만, 진정한 프랑스어에 대한 접근을 마비시키는 파괴자는 80-90년대의 이 기술 언어(텔레비전 언어)이다. 여성들은 부드럽고 아이들은 순진하다는 등의 독사(의견)를 운반하는 것은 주로 이 텔레비전 언어인 것이다. 아이들을 그것에서 벗어나게 하기는 정말로 어렵다.

> 지식만으로
> 가르칠 수는 없다.
> 하지만 무식한 것은
> 가르치는 행위를
> 심히 방해한다.

이 독사에 어떻게 저항할 것인가?

독서와 문학적 체험의 문을 활짝 개방함으로써 저항할 것이다. 나의 얘기는 항상 문학 텍스트로 되돌아온다! 그것은 사람들이 그 단어에 부여하기를 원하는 억압적 의미, 경찰 용어로서의 규범이 아니다. 그것은 자유의 예들이고 표본들이다. 그것은 라블레에서 셀린에 이르는, 강렬하고 기운차며 알록달록한 빛깔로 엮어진 무한한 다양성이다! 그것은 '라모의 조카'〔18세기 작가 드니 디드로의 작품〕와의 철학적 교환이고, 발자크나 프루스트가 그들의 서민적인 인물들을 표현할 때 사용한 부적절하나 멋진 표현들이다. 그것은 《레 미제라블》의 은어이고, 《벽》에 나오는 리레트의 독백이며, 바르다뮈〔셀린의 자서전적 소설《밤의 끝으로의 여행》의 주인공〕의 저주이다. 이 텍스트들을 읽을 때 우리는 독자·학생·대학생을 고전적이고 조잡한 관습으로 들이밀지 않는다. 그렇다고 제대로 교육받지 못한 교사들이 믿는 것처럼 그들을 딱딱한 언어, 죽은 언어, 특권층의 언어 혹은 궁중 언어를 따르게 하는 것도 아니다. 우리는 그들을 도시와 농촌의, 모든 계급이 뒤섞인 과거의 생활 자체에 빠지게 만든다. 우리는 그들이 모든 언어, 민중의 상상 같은 것이 거쳐 가는 어떤 언어에 귀 기울이고 그 언어를 감상하게 만든다.

"학교는 너에게 부자연스런 언어만을 가르칠 테니 너는 계속 은어로 말하거나 텔레비전에 나오는 말로만 말하라." 그렇게 말하는 것은 기만이고 사기이며 책임 회피이기까지 하다.

▌ 민중의 아름다운 언어는 모두 사라졌나?

거의 그런 것 같다. 광고, 텔레비전, 정치의 기술 언어들의 영향 때문이다. 기술 언어는 사실 똑같은 화법이고 서로 전염된다. 광고인 세겔라는 정치적 담론에 영감을 불어넣고, 정치적 담론은 마케팅 담론에 영감을 불어넣고, 스타 해설자들이 나머지 일을 한다. 마찬가지로 일기예보는 이를테면 기온이 '오르고 있다'는 말 대신 '상승세에 있다'(이것은 여러 날 동안 지속될 추세를 지적하는 것으로 보인다)라고 예고함으로써 주식 정보 같은 느낌을 준다. 이는 즉 '전날보다 1도 올랐다'라는 뜻이다.

▌ 그러면 우리가 언급한 시테들의 현대 프랑스어는 아름다운 민중 언어가 되는 행운을 갖게 될까?

나도 모르겠다. 내가 아는 건 은어는 일시적이라는 것이다. 하지만 그것은 문제가 되지 않는다. 오히려 문제는 이것이다. 이 '아름다운 민중 언어'를 만들고 지탱할 수 있는 사회적·개인적인 힘은 어디에 있나? 예측할 수 있는 운명과 자유의 부름 사이의 끔찍한 대결로부터 탄생한 민중의 에너지는 어디에 있나? 잠시 본론에서 벗어나겠다. 최근에 나는 영화관에서 샤트야지트 레이의 '교육 소설' 삼부작 《길의 노래》《아파라지토》《아푸의 세계》를 다시 보았다. 벵골의 소설에서 영감을 얻은 첫번째 작품은, 벵골의 가난한 가정의 한 소년이 각성하는 과정을 이야기하고 있다. 모든 가족이 끔찍한 필요에 시달린다. 자연적인 필요(기후), 사회의 엄격함이란 의미에서의 필요. 그래서 아버지는 브라만이라는 이유로 어떤 일들은 받아들일 수가 없다. 그리고 절대적인 결핍. 하지만 자유의 부름, 세상의 신비, 흘끗 들여다본 극장의 아름다움은 억제할 수 없는 충동으로 소년을 흥분시킨다.

필요의 시대를 그리워하는 것은 아니지만 오랜 세월 동안 그것의 무게 아래에서, 그것의 영향하에 인간의 지성은 발명·전복·반란의 능력을 발휘했고, 그것은 흔히――거의 항상――짓밟혔지만 예외적인 경우들에서 이 아이처럼 예외적인 인격들을 낳았다.

오늘날 결핍과 곤란의 형태는 더 이상 투쟁·반란, 그리고 건설의 기회로 체험되지 않는다. 그것들은 부정적인 표현으로서, 우리가 반드시 보상하고 완화시켜야 하는 악으로만 표명된다. 그것은 당연한 일이다! 각종 수당들, 주택보조금은 극히 사소한 것들이다! 하지만 그것들을 폭동의 불씨로 변모시킬 수 있을 만큼 소비·전자레인지·VTR 같은 안락한 생활과 들뜬 기분의 흉내에 의해 불공평하게 나누어진 환영들·환각들을 위해 이런 사회적 완화를 지적할 수 있을 만큼 강력한 정치적 담론은 어디에도 존재하지 않는다. 이런 기분 전환하는 삶, 방해받는 삶이 아무것도 부족할 것이 없다는 믿음을 무슨 일이 있어도 지키고 싶은 모양이다. 그리고 원한이 솟구치면 우리는 곧 그것을 가라앉히려고 노력한다.

거기에 에너지의 굉장한 소모가 있다. 지난날의 투쟁은 어떤 압도적인 필요와 대면하여 의지할 곳이 없었다. 오늘날 사회적 유기와 소외의 형태는 매우 문제가 되고 있지만, 공허한 해설들에 의해 끊임없이 은폐되고 사회 전체가 그것의 희생자들을 진정시키기 위해 돌아가고 있다. 그런 것이 '소비'의 궁극적인 의미이다. 처음에는 무제한의 이익이 태어나고, 그 다음엔 희화된 행복이 '민주주의'가 된다. 극단적인 경우——하지만 우리나라에 극단적인 경우는 드물다——를 제외하고 진정제가 작용하며, 폭동의 불씨가 꺼지고, 필요는 더 이상 진정한 창조의 가능성이 되지 못한다.

그런데 위대한 민중 언어와 노동자 의식의 강한 굴절은 이런 상황들과 관련이 있었다. 보드리야르가 언급하는 허상들이 있는 쇼핑센터, 한 청소년이 즉각적인 만족과 함께 깊이 빠져 있는 비현실적인 세상, 그를 꼼짝 못하게 하는 건 신기루이다. 신기루는 아이에게서 달아나고, 아이는 그것을 잡으려다가 지쳐버리지만 절대로 포기하지 않는다. 왜냐하면 가끔씩 신기루의 조각들이 아이에게 떨어지기 때문이다. 마치 우리가 15상팀을 벌었기 때문에 복권을 계속 사는 것처럼. 그것이 순수한 폭력으로 변모할 때는 거의 없다. 그것은 오히려 사탕과자와 텔레비전으로 인한 과도의 비만이다. 극단적인 필요는 사라졌지만 서민의 에너지는 마비됐다.

▎ 당신의 주장대로라면 계층들의 충돌이 당신이 기술 언어라고 부르는 것에 의해 완화되었다는 건데. 쇼핑센터나 카페 혹은 레스토랑에서 우리를 귀찮게 따라다니는 보편화된 음악의 기술 언어도 마찬가지이고. 수준 낮은 동네와 좋은 동네들

간의 만남은 점점 불가능해지고 있다. 음악과 텔레비전은 파열과 분열로 나아갈 수밖에 없는 세상에서 결합을 흉내낸 것처럼 보이는데······.

텔레비전 안에서 소통하는 사회라는 몸통의 결합의 흉내들이라······ 도미니크 볼통이 사회가 파열되고 게토(소수민족 거류지, 특수부락)가 등장할까 봐 두렵기 때문에 자신은 전문 채널을 반대하고 일반 채널을 찬성한다고 말할 때, 이것은 너그러운 처사이지만 불행히도 이 공동체는 가짜 공동체이다. 공동체는 같은 시간에 같은 일기예보를 보는 집단이 아니다. 그렇다고 분리의 급진성이 제거되는가? 그렇지 않기 때문이다. 그것은 일시적으로 중지되고 가라앉은 것이다. 그리고 그것도 이 시대 학교의 역할이라고 나는 생각한다. 학교는 진정시킨다. 진정제 하나가 더 추가된다. 모두를 위한 입학자격시험이다.

사회라는 집단은 진정제의 정기적인 주사에도 불구하고 도시의 폭력 형태, 또는 잠재적으로 일상의 스트레스라는 폭력으로 다시 나타나는 대면의 공포에 시달리고 있다. 저녁 여섯 시에 파리의 외곽 순환도로에서 나타나는 젊은 관리직 회사원들의 거친 행동을 보라. 실업에 대한 두려움, 매일 저녁 교통체증을 뚫고 전원주택으로 가야 하는 피곤함······ 텔레비전·학교·쇼핑센터는 진정제 주사들이다. 학교는 청소년들에게 충돌의 중독화를 계획한다. 학교는 그 아이들이 스무 살쯤 아무 학위도 일자리도 없이 학교를 졸업할 때 지나치게 강한 반응을 나타내지 않게 만들려고 노력한다. 학창 시절은 아첨들, 사회 방문, 야외학교, 비디오 감상 속에서 지나간다. 크리스마스, 학년의 끝남, 기념일들, 라마단(회교도들의 단식월)의 끝 등을 축하한다.

▌ 이런 환상——이것도 역시——은 정치적 과업인데, 이것을 산산조각 내야 한다.

그것은 어려울 것이다. 너무나 많은 이해 관계가 반대하고 있기 때문이다! 그것은 사회의 몰핀 시장이라는 거대한 시장이다……. 게다가 케이크 부스러기를 얻어먹은 사람들에게 그것을 어떻게 수긍시킬 것인가? 그것이 착취의 새로운 형태라는 것을 어떻게 말하고, 어떻게 이해시키겠는가? 19세기는 아이들을 탄광에 들어가게 하고, 농촌을 파괴하며, 야간 작업으로 여성들의 건강을 해쳤다. 그것은 너무나 명백한 착취였기 때문에 노동자의 의식이 발전했고, 노조의 투쟁은 사회보장법의 더딘 시행을 강요했다. 카스토리아디스(사회학자)가 말한 것처럼 50-60년대의 자본주의는 몇 가지 형태의 사회주의에 의해 수정된 자본주의이다.

그렇다면 오늘날은? 생산 분야에서 착취의 현실을 제3세계가 겪고 있다. 저임금, 과도한 노동 시간, 아동 착취…… 그곳에서는 요컨대 텔레비전 · 반도체 · 와이셔츠 · VTR · 전자레인지 등의 제품을 세상의 반대편에 내다팖으로써 이익을 올리는 것이 중요하다. 우리나라 사람들은 또다시 노예가 됐지만 본인들은 그것을 모르고 있다. 그들은 이 새로운 시장에 구속됐고, 인위적인 필요에 목말라하고 있다. 실업수당은 일하지 않는 사람들을 살리기 위해서만이 아니라 그들이 최소한의 것을 소비하기 위해, 싼 가격에 아시아에서 생산돼 홍수처럼 쏟아져 들어오는 이 물건들을 썩거나 녹슬게 하지 않기 위해 절대적으로 필요하다! 생산에 의한 착취가 아니라 소비에 의한 착취가 또 한 번 문제라는 것을 어떻게 이해시킬 것인가? 사람들은 당신의 말을 듣지 않을 것이고, 당신의 말을 이해하지 못할 것이다. 이것은 과거의 가난한 사람들의 복수이고, 행복의 흉내이며, 쾌락의 직접성이다! 실망스러운 일일지도 모른다. 아무 값어치도 없고, 혹은 별로 멋지지도 않지만 그래도 좋은 것이다. 실망에서 폭동으로, 폭동에서 거부로 갈 길은 멀다!

아름다운 민중 언어로 말하면, 조각의 모델로서 근육을 보여 주는 대신 조각가 자신이 되기를 원한 목수 자크 랑시에르가 부활시킨 아름다운 서민의 모습들처럼 그들에 대해서도 사정은 똑같다……. 메가믹스(아르트 방송국의 한 프로그램)에 출현한 한 가수는 최근 음악이 제공하는, 그리고 모든 대립과 충돌을 없애 주는 이런 일치감을 불러내고 있었다. 그는 정말로 다른 사람들의 격분을 무마하는 데 기여하는 백인계 흑인이다. 그는 정말로 자신을 자랑스럽게 생각하는 피착취자이다. 학교는 고요함을 위해 이런 멋진 억압을 부추겼다.

> 그런 중독화가 항상 먹히는 것은 아닌데!

그렇다. 그것은 때로는 실패한다. 게토들이 불타고, 사람들이 슈퍼마켓을 약탈한다. 그런 다음 상황은 되돌아간다. 풍요와 유기 사이에 있는 별장들과 방 세 개짜리 아파트들 안에서 그것은 상당히 잘 진행되고 있다. 그것 때문에 학교가 완전히 폭발하지 않는 것이다. 슈퍼마켓 앞에 있는 아케이드 상점가에서 우리는 넓은 줄무늬 바지와 큰 사이즈의 운동화를 신고 모자를 거꾸로 쓰고 떼지어 다니며 진열창에 코를 박고 구경하는 청소년들을 볼 수 있다. 나는 그 아이들이 지나치게 조용하다고, 이상하게 조용하다고 생각한다. 음악 때문일까? 오웰인지 헉슬리인지 잘은 모르겠다. 백치화와 '노브랑그(신언어)' '엡실론 무엥'은 조용히 진행된다.

지금 민주주의란 말은 민주주의에 전혀 참여하지 않는 사람들에게 그들이 거기에 참여하고 있다고 믿게 하는 것을 의미한다. 지금은 말이다.

당신이 작성한 그 검은 도표는 통합의 실패에 대한 도표가 아닌가?

통합의 역설이 존재한다. 통합을 어렵게 만드는 것은 우리가 그것을 믿기를 멈추었다는 데 있다. 난관은 통합의 파괴적인 힘이 아니라 지나치게 동화하는 힘이 누르는 힘 앞에서 해당 계층을 뒷걸음치게 만들고 두렵게 만들었기 때문이다. 왜냐하면 사실 그것은 실제로 더 이상 존재하지 않기 때문이다. 그리고 이 모델의 취약함이 통합될 수 있을지도 모르는 사람들을 뒷걸음치게 만들고 있다. 존재하는지도 의심스러운 어떤 것에 통합해서 무슨 이득이 있겠는가?

학교도 마찬가지이다. 우리는 학교가 아이들과 청소년들로부터 거부당했다는 말을 많이 한다. 그런데 거부당하는 학교는 어떤 학교인가? 그것은 더 이상 독재적인 학교가 아니라 그런 학교는 더 이상 존재하지 않는다, 아이들에게 들뜬 기분과 밝은 표정을 안겨 주는 학교이다. 마치 학교가 정체성을 고정시키는 역할, 자기 건설을 위한 대피소 역할을 제공하지 못하기 때문에 거부당한 것처럼. 학교를 거부당하게 만드는 것은 그것의 취약성이지 독재주의가 아니다. 우리는 지금 파국에 이르는 길을 따라가고 있다. 창백한 환자를 한 번 더 피 흘리게 만드는 몰리에르의 의사들처럼! 우리는 최후의 독재적인 요소들을 끄집어 내어서 학교를 훨씬 더 수용적인 것으로 만들려고 노력하고 있지만, 그 때문에 학교는 더욱더 거부당할 뿐이다. 이질 문화의 수용 과정에 있는 아이들의 경우 원칙과 목표를 확신하는 확고부동한 학교로 가는 것보다 '말랑말랑한' 학교 쪽으로 가는 것이 정신적으로 훨씬 더 어렵다…….

훌륭히 수행된 독서에 대한 찬사

■ 당신의 의견에 따르면 독서는 나르시시즘으로부터 벗어나려는 하나의 시도이다. 어떤 의미에서 그러한가? 그리고 당신은 정말로 문학이 무엇보다도 자기 자신의 믿음이나 자신에 대해 갖고 있는 이미지에서 벗어나는 데 도움이 된다고 생각하나?

독서라는 이 특별한 체험에서 중요한 것은 그것이 구성을 가지고 게임을 하듯 믿음을 가지고 게임을 하게 한다는 것이다. 독서는 믿음을 제거하지 않으며, 진리처럼 보이게 만드는 것을 목적으로 하는 어떤 분석 안에서 그것들을 용해시키지도 않는다. 그것은 철학의 길이며, 교육 과정은 그것을 자주 차용한다. 왜냐하면 가르친다는 것은 개인의 의견을 버리게 하고, 진리로 인도하는 것이기 때문이다. 플라톤의 동굴의 비유 안에 더 이상 사물의 그림자, 동굴 바닥 위에 그것에 의해 투영된 이미지들을 보지 않고 태양을 보기 위해 몸을 돌리는 이 동작 안에 교육학의 큰 교훈이 들어 있다. 그런 의미에서 이 동작 자체가 해방, 환상에서 벗어남을 의미한다.

문학이 정확히 똑같은 길을 추구하지는 않는다. 문학은 진리 쪽으로 가기 위해 믿음에서 벗어나게 하려고 노력하지 않는다. 그런 점에서 문학의 방식은 철학의 방식과 다르다. 문학은 단지 처음에 다른 것들과 비교해 하나씩 믿음의 게임을 보여 주고, 그것들의 대결을 약속하며, 그것들이 어떻게 삶·존재·개인들의 선택 안에 구현되는가, 그것들이 어떻게 단절과 동의를 야기하는가를 보여 줄 수 있을 뿐이다. 그리고 독서는 이 게임 안에 잡혀 그 자신의 믿음, 그것들의 계승, 그것들의 모순을 관찰해서 그것들을 버리지는 않더라도 그것들의 절대성을 부인하고, 그것들과 대면했을 때 거리를 두지 않을 수 없게 만든다. 문학과 철학이 혼동되지 않고, 그렇다고 대립하지도 않는 이유가 거기에 있다.

■ 그렇다면 문학과 철학이 다른 점은 무엇인가?

문학은 구체적이고 특이하며 살아 있고 구현된 방식으로 일하며, 그에 관한 의견들이 믿음을 형성한다. 여기에도 역시 게임이 존재한다. 읽으면서 나는 타자의 믿음들과 게임을 한다. 《잃어버린 시간을 찾아서》를 읽는 행위는 나로 하여금 질투의 진실을 발견하게 하는 것이 아니라——게다가 질투는 거기에 있지 않다——스완이라는 어떤 인물 혹은 화자 마르셀과의 아주 기이한 관계 속에 빠지게 한다. 나는 그에게 닥친 일을 그만큼 심각하게 생각지 않고, 그가 실망할 것을 예상하며, 그의 실패를 내다보지만 또한 그의 고통에도 동참한다. 발레리가 말했듯이 내가 빙글빙글 도는 댄서를 바라볼 때 내 몸은 가벼워지는 것이다. 인물이 겪는 우여곡절 안에서 나는 그와 함께 있다. 어떤 때는 옆에, 어떤 때는 위에. 우리는 춤을 춘다. 우리는 방에 들어박혀 연인을 기다리고, 다가오는 뺨을 보며, 그의 믿음 안에서 속지만 완전히 속는 것은 아닌데, 왜냐하면 그것이 타인의 믿음이기 때문이다.

브레히트에 의해 '소격 효과'라는 이름으로 비난받았던 아리스토텔레스의 정체성의 확인 과정이 거리의 효과를 만들지 않을 수 없는 것이 그 때문이다. 왜냐하면 모든 허구적 이야기에서 인물이나 그의 행동을 보는 행위는 아리스토텔레스가 말한 화자 '디아 아판젤리아스'의 이야기에 따라 우리에게 항상 간접적으로 발생한다. 화자는 통고하는 사람, 중개자, 중재인, 신의 사자(**안젤로스**)이다. 우리는 이 벗겨냄, 이 거리, 지드가 말한 이 '이스트레인지먼트(소외)'에 익숙해진다. 우리는 우리의 의견들, 믿음들의 자명함이 그것들의 친숙함에서 온 것임을 간파한다. 우리 자신이 타인이 되어 불안해하고 자기 자신이 낯설어질 때, 타인들의 믿음의 거울에 우리 자신의 믿음, 민감하고 일시적인 사랑의 확신들에 대한 우리의 동의가 비치고 변형될 때 그 자명함은 사라지거나 약화된다. **비난**은 이런 **위기**와 함께 시작된다. 그것은 지나치게 멀리 가지만 간단한 경험들을 거친다. 하지만 여유를 갖고 읽고, 텍스트가 메아리치게 놔둬야 한다. 그것이 이름만 문학을 표방하는 학교 교육에서 하듯 문체를 알아내는 법을 배우는 것보다 훨씬 더 중요하다. 보들레르는 어떤 텍스트에서 '4월의 가볍고 시원한 바람'을 말했다. 갑자기 당연히, 그리고 영원히 우리의 것으로 여겨지는 감성의 자명함이 흔들리고 무너진다. 뭐, 죽은 자들이 산 자들이었다니! 내게 속한 이 세상이 그것을 잃어버린 다른 사람들의 것이었다니! 산 자들의 전유물인 이 시원하고 가벼운 바람이 아주 옛날부터 죽어 있었다고 믿은 자들의 전유물이었다고?

그때부터 우리는 자기 환경에 달라붙는 동물처럼 더 이상 세상에 달라붙지 않는다. 이것은 다른 사람들에게 제공됐고, 다른 사람들에게 제공될 세상이기 때문이다.

▌당신이 믿음들과의 게임이라고 부르는 것이 바로 그것인가?

그렇다. 왜냐하면 거기에 시간의 체험이라는 진실이 있기 때문이다. 그것은 철학적인 진실이 아니고, 과학적인 진실은 더욱 아니며, 대신 문학에 의해 자유롭게 제공된 문학적 진실이다.

▌독서의 의식에 관해 사르트르는 사로잡힌 의식, 독자의 아량을 언급했다. 모든 독자에게는 상상력의 게임에 열중하려는 무의식적인 욕망이 있지 않나?

사르트르가 아량이라고 부른 것은 다른 사람, 즉 작가, 인물을 믿을 수 있는 능력, 그리고 아마도 의지를 의미하는 것 같다. 어린 시절 최초의 독서 체험들에서 생겨나는 이 능력을 연마해야 한다. 왜냐하면 그것은 연마될 수도 있고, 파괴될 수도 있기 때문이다. 한번 의심이 들면(그래서 나더러 어떻게 하라는 거야? 왜 내가 그를 믿어야 하는데? 그가 내게 진실을 말하고 있다는 증거가 뭐야?) 그것을 없애기가 무척 어렵기 때문이다. 이런 믿음만이 독서를 가능하게 한다. 파토카는 이것을 '열린 마음'이라고 불렀다. 이것은 관대함이고, 타자의 삶, 또 다른 삶에 동의하기 위해 중요한 동의를 일시 중단하는 것이다. 하지만 판단하는 것은 아니다. 다만 판단한다는 것은 처음에 맞아들이고 이해하는 것을 전제로 한다. 이것도 허구적 체험과 현실적 체험을 분리시킨다. 우리에겐 시간이 있다. 그리고 이런 식으로 우리는 성장한다. 나는 많은 대학생들에게 불신의 습관이 있다는 것을 발견했다. 아마도 매우 타락한 '의심의 해석학'의 한 판본으로 보이는 이런 불신의 습관은 그들 교수들의 가르침의 흔적일 것이다. 그런데 작가의 숨은 이데올로기나 신경쇠약을 들추어 냄으로써 언표의 허구를 깨닫게 하려는 시선보다는 작가를 포함한 전체에 대한 총체적인 불신이 더 문제이다. "그가 하는 말을 믿을 의무는 없다." 맙소사, 의무라니, 그건 아닌데!

독서를 너무나 어렵게, 아주 재미없게 만드는 이런 불신이 더 역설적인 것은 오늘날 우리들이 타자에 대한 관심, 타인에 대한 존중 등에 관한 윤리적 교훈으로 아이들과 청소년들의 머리를 가득 채우고 있기 때문이다. 동시에 우리는 타인과의 관계에 대한 진정한 체험, 텍스트 안에서 제공된 것을 고의로 약탈했다. 거기에——다른 것도 많다! 이것이 독서의 유일한 목적은 아닌 것이다!——다른 사람에게 마음을 여는 기회가 있고, 그것은 인간의 권리에 관한 불평 같은 것들을 기계적으로 되풀이하는 것보다 훨씬 더 효과적이다.

내가 당신의 말을 제대로 이해했다면 학교가 불행하게도 광범위하게 퍼뜨리는 독서에 대한 소개로 인해 독서와 텍스트의 관계, 독서와 저술의 관계 또한 많은 영향을 받았고, 심지어 위태로워지기까지 했다는 건데. 그것은 어떤 소개를 말하는 것인가?

독서는 수동성이고, 저술은 능동성이라는 것이다. 먼저 그 말을 잊어버려라. 뮈질이 아주 의미심장하게 "쓰는 행위는 능동성이 아니다. 쓰는 행위는 하나의 상태이다"라고 썼듯이. 그리고 읽는 행위 자체도 잘못 이해되고 잘못 해석되고 있다. 읽을 때 몸은 미동도 하지 않게 될 것이다. 우리는 우리를 둘러싼 세상에서 눈멀고 귀먼, 없는 존재와 흡사하게 된다. 우리가 얼마 동안 기꺼이 포로가 되고 싶은 어떤 다른 세상과의 보이지 않는 무언의 관계에 흡수되어 부재하는 것이다. 독서하는 순간에는 중대한 관심과 함께 능동성이 일시 정지되는 때가 있다——토미 엥주레의 대단히 아름다운 그림은 독서에 너무나 몰두한 나머지 꼬리에 불이 붙은 것도 못 보는 생쥐의 모습을 보여 주고 있다! 이것이 독서의 열중, '수동성'이다. 이는 즉 강렬한 정신의 능동성을 의미한다.

그런데 근래에 나는 학교에서의 독서 학습을 다룬 최근의 어떤 저서——교육학적으로는 옳다!——에서 부르주아 계급의 '살롱들'(친교, 여가, 세상으로부터 쉬는 곳)의 유산으로 규정된 책과 그것의 독자에 관한 '기이한 대화'를 보았다. 이 얼마나 어리석은 짓인가! 그 대신 《독서》라는 제목의, 헝가리 태생의 사진

작가 안드레 케르테스의 아름다운 사진집을 뒤적여 보라! 부르주아 계급의 독자들에 관하여 우리가 알 수 있는 건 그들이 당신과 나처럼 거리에서, 대합실에서, 공공 건물의 계단에서 책을 읽는 사람들, 아이들과 노인들이라는 것이다. 그들은 열중해 있다. 그렇다. 그래서 사진작가도 보지 못한다. 그들은 당연히 읽고 있는 것이다. 우리가 어떤 사적이고 은밀한 열정을 경험하기 위해 몰두해 있는 것을 보는 것은 두려운 일이다. 그렇다면 누구에게 두려운 일일까? 그에 대해 당신들의 영향력을 행사할 수 없는 사회학자들과 교육학자들이다! 이것 역시 조지 오웰의 세상이다…….

작가는 말했다, 이 기이한 대화를 '흥겨운 독서'로 대체해야 한다고. 나는 그게 무슨 말인지조차 모르겠다. 이 관계는 고독한 성격을 유지해야 한다. 내가 말없이 읽기 때문에——중세 초기 이래로——이 관계는 고독하며, 오직 나만이 관계 있고 내 주위 사람들은 아무도 보지 못하는 정신적인 묘사들과 관계가 있기 때문에 이 관계는 고독하다. 나는 이 정신적인 묘사들을 건축해야 하는데, 그것은 단어와 사물 사이에는 순전히 관례적이고 임의적인 관계가 존재하기 때문이다. 나는 이 묘사의 망을 건축해야 한다. 독서라는 능동성 자체 안에는 이렇듯 강한 정신 노동이 이루어지고 있다.

▍그러면 저술은 어떤가. 잊어버리고 있는 것 같은데?

앵글로 색슨족의 대학들에서 찾아볼 수 있는 **크리에이티브 라**

이팅〔창조적인 저술〕과 같은 문체 훈련을 말하려는 것인가?

그렇다.

상처 주지 않으면서 과격하게 말하자면 학생들·대학생들이 작성한 텍스트들, 나아가 오늘날 출판사들이 펴내는 텍스트들의 4분의 3이 수동적인 저술의 텍스트들, 다시 말해 기계적이고 반복적이며 판에 박힌 저술임에 분명하다. 그것에 창조라는 이름이 붙은 것은 누군가 그렇게 적었기 때문이다. 더 이상 왈가왈부할 여지가 없다. 그것은 어떤 능동성도 내포하지 않는다.

나는 지금 학교에서 작문 훈련을 없애야 한다고 말하는 게 아니다! 그저 거기서 '창조'의 가치를 과대평가해선 안 된다는 것이다. 왜냐하면 그것 역시 학습의 순간들이기 때문이다. 단지 그뿐인 것이다. 저쪽에서 '음악의 축제' 신드롬이 시작되고 있다. 좋은 음악은 그들이 하는 그것밖에 없다. 나는 오히려 **크리에이티브 리딩**〔창조적 독서〕을 권하고 싶다. 이 독서법은 나보코프·앨런 블룸 또는 조르주 스테네르가 '입회한' 독서법이다. **크리에이티브 리딩**을 통해 나는 독서를 책의 환희와 결합하고, 작품의 리듬에 맞춰 그것을 춤추게 하는 능력이 함양되기를 기대한다. 독자로 하여금 상상력을 움켜쥐고, 정신을 얼어붙게 만들며, 그것을 무한히 개방하는 단절, 공백에 민감하게 만드는 것은 경이로운 훈련이다. 이를테면 나는 《등대로》에서의 버지니아 울프를 생각한다. 두 부분, 우선 서정적 이미지, 가족, 공간, 어떤 찬란한 여름의 덧없는 순간들, 그리고 갑자기 나타난 너무나 갑작스러운 단절을 생각한다. 아무것도 적히지 않은 한 페이지 뒤에 우리는 다시 같은 장소로 돌아간다. 집의 문이 걸렸고, 덧문은 부서졌으며, 풀이 자랐다. 바로 이것, 이런 리듬의 변화가 우리가 느끼고 사랑해야 하는 것이다. 그리고 이 경우 이것은 꾸며낸 이야기가 아니다. 이것은 이야기 속의 공백이다. 침묵이고 여백이다.

음악에서 침묵을 제거해 보자. 시간 낭비가 아니겠는가?

■ 자유로운 표현에 대한 그러한 비평은 과격하지 않나? 당신은 "창조의 가치를 과대평가해서는 안 된다"고 했는데, 그것은 무슨 의미인가? 당신은 우리가 충동적인 글쓰기는 지나치게 중시하고, 훌륭히 수행된 독서는 별로 중시하지 않는다고 생각하나?

읽기-쓰기 관계의 이 혼란(이것은 아마 직접적인 결과일 것이다)은 괴테가 에커만과의 《대화》에서 묘사한 어떤 변화의 뒤에 온 것으로, 그 변화는 주체가 글쓰기를 시작하게 되는 충동 자체와 관련된 것이다. 괴테에게 이 혼란, 이 전복은 고전주의 시대에서 낭만주의 시대로의 이행을 알리는 징조 그 자체였다. 어떤 점에서 그럴까? 글쓰기, 문학적 창작——한마디로 시——은 더 이상 세상을 객관화하는 과정이 아니며, 따라서 자신을 객관화하는 과정이 아니게 됐다. 넓은 의미에서의 시는 내면주의, 자신에 대한 탐구, 세상을 주관화하는 것을 목표로 삼은 자기 자신의 표현으로 돌아섰다. 그로 인해 갑자기 주체, 즉 시인은 바

깥 세상에 대한 객관화의 큰 흐름에 합류하기 위해 자기 자신에게서 벗어나는 특권을 상실하고 말았다.

우리는 이런 맹렬한 내면화의 한가운데에서 살고 있다. 독서는 그 영향을 받았다. 읽기, 그것은 자신을 잊는 것인가? 우리는 더 이상 그런 것을 원하지 않는다. 동시에 쓰기는 아주 드문 경우에만 능동적, 다시 말해 강력하고 변형하며 객관화하고 따라서 전달 가능하다. 쓰기는 지나치게 내 눈치를 보고 가짜 신비, 자신이 주장하는 풍부함에 지나치게 매료되어 있다. 그 결과 우리는 소설이라고 불리는 변장한 자서전들의 홍수 속에서 살게 됐다. 앞으로 우리는 작가들밖에 없는 세상에 살게 될 것이다. 그 작가들은 아무것도 읽지 않고, 또 아무도 그 작가들의 책을 읽지 않을 것이다.

■ 당신이 볼 때 이런 문자의 팽창으로부터 벗어날 수 있는 작가들은 누구누구이겠는가?

모든 위대한 작가들이다! 멜빌·필립 로스·아이작 싱어·패트릭 화이트·아이리스 머독·토머스 울프가 그들이다. 우리가 거의 읽지 않는!

독서는 결국 매순간마다 가슴이 뛰고, 우리에게 가장 낯선 상황들, 가장 새롭고 가장 인상적 개관 앞에서 "맞아, 이거야!"라고 끊임없이 혼잣말하게 되는 진실의 체험이 된다. 어떤 상황, 인물의 단면, 어떤 인물과 어떤 배경에 대한 생각, 그 속에서 나는 화자 뒤에서 윤곽을 드러내고 빛을 발하며 사라지는 사람(저자)을 느낄 수 있다. 《천사여 고향을 보라》(토머스 울프)에 등장하는 감탄스러운 유년 시절의 장면들. 눈, 놀랄 만큼 푸짐하고 많은 식량을 싣고 돌아오는 아버지의 발걸음. 그는 주방에 들어가 진짜 숯불 위에서 그것을 익힐 것이다……. 이것들이 내가 찾는 순간들이고, 진실이 폭발해서 당신을 휩쓸어 버리는 순간들이다.

오늘날 저자의 얼굴은 너무나 헐뜯긴 채로 항상 등장해 있다. 지금 나는 허먼 멜빌을 다시 읽고 있는데, 읽으면서 내가 거의 아무것도 모르고 있던 한 사람의 위대함에 엄청난 충격을 받았다. 게다가 나는 그에 관해 더 많은 것을 알고 싶지 않으며, 그의 작품을 더 많이 읽고 싶다. 내가 아는 것은 오직 그가 세상에 알려지지 않은 채 절망해서 죽었고, 그의 아내는 그의 유작 《레드번》의 수많은 교정본에 관심도 갖지 않았다는 것뿐이다. 이 유작은 출판할 수 없는 것들의 무더기였다! 나는 그것이 엄격한 의미에서 '동시대적'이었는지 아닌지를 아는 데 지나치게 몰두하지도 않는다. 현대적이건 아니건 내게는 모두 똑같다.

읽는 것, 그것은 죽은 사람들을 동시대인으로 만드는 것, 그들의 삶을 그들의 시대에 살아 보는 것, 이 세상을 떠나 어떤 아름다움, 어떤 위대함을 여행하는 것이기도 하다! 어제 나는 《밤의 끝으로의 여행》의 한 구절을 우연히 마주치면서 진실이 얼굴을 때리는 순간을 또 한 번 경험했다. 한 대령이 부하에게 거친 명령을 내린 직후이다. 포탄에 의해 소탕된 채 대령이 부하의 품에 안겨 상륙하는 순간 부하는 목이 잘린다. 그리고 이때 셀린은 말한다. "그들은 영원히 포옹하고 있었다." 그는 덧붙인다.

> 책을 여는 것은
> 하나의 연속성,
> 하나의 역사 안으로
> 들어가는 것이고,
> 어떤 이상적인 도시의
> 시민이 되는 것이다.

"지금, 그리고 영원히." 그런 다음 그는 전선으로 가서 말한다. "이 모든 고깃덩어리가 모두 함께 엄청난 양의 피를 흘리고 있었다."

■ 스테네르 저서들의 위대함에도 불구하고 그의 작품들, 특히 《벌받지 않은 열정들》(갈리마르, 1997년)을 보면 우리가 중부 유럽 문화, 거의 표본이 된 유럽 교육, 패스트 푸드 문화 사이에서 하나를 선택할 수 있다는 인상을 받게 된다. 이것은 선택의 여지치고는 조금 제한된 것 아닌가?

나는 내가 당신이 언급한 선택의 여지 안에 들어 있다고 느끼지 않는다. 내 뒤에는 '표본적인 유럽 교육'도 없고, 나는 약간 다른 문화의 원천, 즉 '결정적 권리가 영면하고 있는 이 몽매한 대중들 속에 빛을 퍼뜨려야 한다'는 생각(빅토르 위고, 《목격한 것들》)으로 길러졌다. 하지만 오늘날 우리는 더 이상 교육이 극소수의 특권이었던 그런 시대(1848)에 살지 않는다. 우리는 전혀 다른 문제와 직면해 있다. 그것은 전혀 다른 종류의 무지 또는 '어둠'인데 학교는 이것을 보지 못하거나, 또는 그에 맞서 싸우지 못한다. 이런 현대의 무지는 '교육받은' 사람들의 것이다. 그들은 어쨌든 긴 교육 과정을 따르긴 했지만 거기서 자신의 사람, 의무, 약속을 생각할 수 있는 도구나 무기는 발견하지 못했다. 그들은 무장해제되고 화가 나고 자신의 목표에 대해 확신이 없는 상태로, 아는 법은 가르쳐 줄지 모르지만 이해하거나 생각하는 법은 가르쳐 주지 않는 것이 확실한 어떤 세상에 몸담고 있다.

■ 당신은 문학과 영화를 가르치고 있다. 당신은 그 두 가지 사이에 어떤 관계가 있다고 보는가?

전통적인 오류가 하나 있는데, 그것은 영화를 읽고 이해하는 것이 문학 작품을 읽고 이해하는 것보다 쉽다고 믿는 것이다. 실제로 그것은 사실이 아니다. 영상과 세상 사이의 유사 관계에도 불구하고 이야기되지 않은 것들이 문학의 서술보다 영화의 서술에 훨씬 더 많은데, 그것은 줄거리의 안내자이며 해설자인 내레이터가 부재하기 때문일 것이다. 사실 전통적인 영화와 일부 현대 영화 사이에는 커다란 차이가 존재한다. 전통적인 영화는 그것의 구성에 의해 감상자에게 독서의 그것과 유사한 정신적 과정의 길로 들어가도록 부추긴다. 영화는 문학의 연장 같은 것으로 문학보다는 약간 열등하다고 웰스 혹은 고다르는 말했다.

반대로 일부 현대 영화들은 이와는 무척 다르게 작용하고 있다. 그들의 미학은 뮤직 비디오에서 영감을 얻는다. 다시 말해 편집에서까지 그들은 긴장과 이완의 지속적인 흐름에 따라 충격, 짧고 거친 자극들의 만남을 선호한다. 폭력적인 영상들, 에로틱하거나 에로틱하지 않은 영상들. 이것은 전적으로 이런 식으로 보여지는 하나의 풍경화가 될 수 있다. 이것은 아주 서툴게 시대 안에 편입되는 정서의 전신(電信) 부호, 일종의 충동의 모르스 부호이다. 왜냐하면 그것은 오로지 피곤함으로 귀착되고 있기 때문이다. 지각 작용·감수성이 둔해지고, 따라서 좀더 많이 요구하게 되며 함량을 늘리게 된다. 그렇게 하지 않으면 더 이상 충분히 느끼지 못하기 때문이다. 리듬과 타악기의 반복을 위해 화성과 선율이 실종된 음악과 마찬가지이다. 그 결과로 편집에서, 속도에서 대체로 평온한 고전 영화의 한 시퀀스가 간과될 수 있다. 구성·편집·의미는 더 이상 전처럼 잘 탐지되지 않는다…….

내가 정의한 대로의, 확대된 의미에서의 독서는 시간성과의 어떤 관계를 전제로 하고 있다. 우리는 지금 어떤 의미의 암시 앞에 있는데, 그것을 위해 '무엇이 문제인가?' '원인이 무엇인가?' '사건은 무엇인가?' 같은 유형의 구문에 몰두해야 한다. 그것이 논리학의 부름이다. 반대로 충동적인 영화, 정서에 작용하는 영화는 원인과 결과에 관한 반성을 요구하지 않는다. 그것은 '더 강하게' 혹은 '더 부드럽게'라는 두 가지 반응, 두 가지 기본 행동을 요구하는 자극의 집합이다. 그러므로 내가 말하는 고전적인 의미의 읽기 능력을 연마함으로써 세계의 영화 걸작들로 구성된 영화의 총체도 이해할 수 있다. 뮤직 비디오에서, 장 드 봉의 《스피드》나 《다이 하드》에서 인과 관계는 지나치게 단순하다.

■ 책 이외 다른 매체들상에서의 텍스트 읽기에 대해서는 어떻게 생각하는가?

솔직히 말해 그것이 이를테면 모르모트 사육이나 동남아시아의 수수 재배에 관한 것의 저장과 유포에 관한 정보라면 나는 거기서 불편을 느끼는 대신 정반대로 유동성, 접근의 용이함, 축소된 용량을 발견할 것이다. 그러나 소설·문학·시를 위한 이

'매체들'의 특권은 어떤 것이 있을 수 있겠는가? 또는 대다수를 분리하는(그리고 그것이 뛰어넘을 수 없는 것이라고 말하면서 괜히 구멍을 더 파들어가고 있는) 도랑을 현대의 기술이라는 신기루에 의해 축소할 수 있다고 생각하는가?

지금 유동성, 접근의 용이함에 대해 말하고 있으니까 말인데, 책보다 유동적이고 접근하기 쉬우며 특히 가격면에서 저렴한 것이 어디 있는가? 당신은 컴퓨터 한 대 가격으로 얼마나 많은 포켓판 문학 서적을 살 수 있는지 아나?

얼마 전에 꽤 유행한 일이지만 나는 종이 위에서 미끄러지는 펜촉의 즐거움이나 책에서 얻어지는 시각적·촉각적 접촉을 과대평가하고 싶지는 않다! 나도 텍스트의 정보 처리를 활용하고 있고, 모니터 화면 위에서 정보를 알아보기도 한다. 하지만 책으로 말하면 나는 그것을 어디나 가지고 다니며 주석을 붙인다. 덕분에 책은 시간이 지나면서 부서지고 때가 묻는다. 도서관에 가서 다른 사람들의 손을 거친 책들, 인쇄술, 종이, 제본술이 오래된 책들을 열람하는 것, 아니면 그저 한 권의 책을 여는 것은 하나의 연속성, 하나의 역사 안으로 들어가는 것이고, 어떤 이상적이지만 그렇다고 절대 모호하지는 않은 도시의 시민이 되는 것이다. 그런데 그곳에서는 생각하고 글 쓰는 자유, 판단의 자유를 놓고 게임을 한다. 모든 **파트와스**〔종교 재판〕에 대항하는 게임. 결국 나는 조금 양보한다. 진정한 의미로 읽는다면, 다시 말해 정보 수집에 만족하지 않고 독서 안에서 게임을 시작하기만 한다면 나는 화면 위에서 하는 독서도 반대하지 않는다. 나에게 중요한 것은 쓰기도 마찬가지이지만 읽기의 정신 작용인 것이다. **코자 멘탈레**(정신적인 것), 레오나르도는 예술 중에서도 가장 구상적인 것, 그림에 관해 그렇게 말했다. 그러므로 화면 위에서 텍스트를 읽는 것은 요컨대 작품의 논리적인 작용을 텍스트 안에 보존하는 것이고, 나는 내 차례가 왔을 때 내 할 일을 해야 한다. 그런데 왜 책을 포기하는가?

■ 그 점에 관해서 묻겠는데, 컴퓨터가 입회하는 독서는 당신에게 방해가 되나?

많은 구절들을 건너뛰고 더 빨리 끝에 다다를 수 있도록 핵심 단어와 화살표를 찾아내는 것 말인가? 그거라면 어떻게 거기에 기를 쓰고 반대하지 않을 수 있겠는가? 나는 《고리오 영감》의 '화살표로 표시된' 독서보다 발자크의 작품들 가운데 정선된 단편들을 더 좋아한다. 두 경우 모두 독단이 있지만 이야기 방식의 다양성이 후자 안에 표현될 기회가 더 많기 때문이다. 반면 전자의 경우 줄거리를 '지연시키는' 것, 이를테면 주석·묘사·여담처럼 한 소설의 바탕·속도·자유를 이루는 모든 것을 필연적으로 건너뛰게 될 것이다.

■ 피에르 레비가 《버추얼이란 무엇인가?》(라 데쿠베르트, 1995년)에서 기술한 하이퍼텍스트(파생텍스트)에 관해 소리 높여 주장한 것은 그것이 CD-Rom에서부터 작동할 수 있다는 것이다. 즉 "네트워크상에서의 독서의 이전 기술에 비해 디지털은 작은 코페르니쿠스의 혁명을 일으켰다. 이제는 더 이상 네비게

이터가 읽기 지시를 따르고, 하이퍼텍스트 안에서 물리적으로 옮겨다니면서 책장을 넘기고 무거운 책들을 옮기며 도서관을 어슬렁거리지 않는다. 이제부터는 텍스트가 움직이고, 만화경처럼 자신의 다양한 면들을 보여 주며, 독자 앞에서 마음대로 접혔다 펼쳐졌다 한다."

이것을 허구에, 어떤 소설에, 어떤 영화에 적용하면 어떤 의미가 있을까? 의미는 텍스트 안에서 독자가 무작위로 이동한 것의 결과가 아니다. 의미는 독자의 정신적 표현과 사고 안에서 '누군가'에 의해 소망되고 건축되며 계획된 제안들을 완수한 것이고, 이 누군가는 사람들이 원하건 원하지 않건 바로 저자를 의미한다. 그의 무의식의 역할, 그의 행동을 반향하지 않는 직접성의 부분 등을 완전히 무시하지 않고……

하지만 70년대에 사람들이 말한 것처럼 작가, 이 '서구 형이상학의 마지막 아바타(화신)'가 '파괴'되면 하이퍼텍스트가 그 일을 수행하게 되지 않을까? 빌 게이츠가 데리다를 돕는다? 그리고 당신의 인용 안에 책에 대한 얼마나 큰 음험한 비정당화가 들어 있는가! 무겁고 장소를 차지하며 먼지로 뒤덮이고 컴컴한 도서관의 컴컴한 통로에 틀어박혀 있는 것이 책이라는 말인가!

▌ 그것은 책들 사이를 가장 빨리 이동하는 것과 같다. 하지만 피에르 레비는 이렇게 덧붙였다. "오늘날 출판과 문헌 정보 관리에 관한 신기술이 발명되어 정보의 바다의 항해 속도를 최고로 올리려는 시도를 하고 있다. 또한 정보의 총량은 나날

이 더 얇아지는 부피 안에 축적되고 있다."

 거기에는 새로운 서정적인 환상이 들어 있다. 몇 년 전 아르망 마틀라르는 《르 몽드 디플로마티크(외교)》에서 이 새로운 속임수에 관한 가장 날카로운 비평들 가운데 하나를 썼다. 매 10년마다, 기술의 혁신이 있을 때마다 다시 태어나는, 기술에 의한 민주화라는 신기루.

 이것은 실제로 하나의 신기루, 사기, 대중에게 하는 거짓 약속으로 우리는 매번 그것을 고발해야 한다. 이것은 스탈린의 환상의 자본주의적·상업적 변형이고, 소련의 탄압 정치 체제에서 사라진, 오시프 만델스탐에 따르면 '제3계급에게 행해진 눈부신 약속'의 부패이고 배반이다. 보라! CD-Rom과 인터넷 덕에 나는 세상의 모든 도서관, 모든 박물관에 들어갈 수 있게 될 것이다! 실제로 이 새로운 자원을 알고, 따라서 활용할 줄 아는 자들의 카스트(계급)와 아무것도 모르는 자들의 카스트간의 단절은 더욱더 깊어질 것이다. 나는 웹의 아첨꾼들의 광신적인 어조에 놀랐다. 오직 웹만이 우리의 불신을 야기할 것이다. 이 사람들은 그에 관한 영화를 보고 많은 환상을 품는다. 그들은 모두 현대성은 기술이고, 기술은 진보이며, 진보가 곧 민주화라는 생각에 동의한다. 나는 이 세 개의 등식을 근본적으로 인정하지 않는다. 이 세 개의 등식은 컴퓨터라는 쇠붙이를 파는 장사꾼들에게 완벽하게 어울린다. 거기에는 강권의 발동, 맹렬한 이데올로기화가 있다. 그런데 모든 사람들이 속아 넘어간 것은 아니었고, 오히려 그 반대였다. 그리고 지난 여름 나는 《르 몽드》에서 두 개의 기사에 격렬하게 반응하는 독자들의 편지를 읽고 무척 안심했다. 자크 아탈리가 쓴 '새로운 웹 세상'에 관한 열광적인 평론이 그 중 하나였다.

■ 당신은 CD-Rom의 열광적인 활용과 주입식 교육의 범람이 스테네르가 훌륭히 수행된 독서라고 부른 것에 제동을 건다고 생각하는가?

우리는 CD-Rom이 하는 일들에 대해 충분히 생각해 보지 않고 있다. 푸생, 백과전서파에 대한 하나의 CD-Rom이 존재한다. 좋다. 그렇다면 그것의 저자는 누구인가? 종전처럼 피카소나 디드로가 내게 다가오는 것이 아니라, 피카소나 디드로에 관한 어떤 담론·구성·이야기·사물이 소개된 순서에 대한 책임이 있는 누군가의 목소리가 은밀하게 다가온다. 이 사람들은 누구이며 어떤 권리로, 어떤 권한으로 그런 일을 하는가? 현재 학교에는 허락하지 않는 정당성을 왜 그들에게 부여하는가? 교직자가 하는 이야기의 정당성도 반대하면서.

결국 그것은 깊은 의미에서 독서에 장애물이 된다. 장치만이 아니라 해설자라는 인물과 그의 담론이라는 여과 장치가 장애물이라는 것이다.

■ 베르나르 픽소는 고등학교에서 라가르드와 미샤르의 오류에 맞서 싸우는 것으로 간주되는, 화살표로 표시된 그의 총서를 정당화하기 위해 이렇게 썼다. "중요한 것은 이야기를 제

공하는 것이다. 우리에겐 파브리스 델 동고에게 일어난 일을 알고 싶은 욕구가 있다. 관례적으로 선택된 텍스트들에서는 이야기를 전혀 알 수가 없다. 여기서 우리는 줄거리를 좇아갈 수 있다." 베르나르 픽소는 이 분야의 최초 총서를 만든 사람이다. 이 총서는 곧 다른 많은 후계자들(마라부 출판사에서 나온 '화살표로 표시된 책읽기')을 낳았고, 그 표지의 4분의 1은 몇 구절을 건너뛸 것을 명령하고 있다. 그래도 아무것도 잃어버리지 않는다는 것이다. 이것이 혁명적인 일인가?

그것은 어리석은 짓이다. 몇 구절을 건너뛰어도 작품에서 잃을 게 없다는 생각은 어리석은 생각이다. 건너뛰는 건 건너뛰는 것이고, 건너뛴 부분은 잃어버리게 된다. 아무것도 잃지 않았다라고 말할 수 없는 것이다. 기본적인 것에서 무엇이 남을까? 시간성의 지각? 마치 모든 책이 적절한 생략으로 이루어졌다는 듯이 몇 구절을 건너뛴다면 거기서 무엇이 남을까?

문학이라는 것에 대한 깊은 무지를 입증하는 또 다른 어리석은 행위는 '인물에게 일어나는 일'이 중요하다고 말하는 것이다. 그 점에 관해 길게 설명해야 한다는 것도 수치스러운 일이다. 하나의 소설을 이야기로 축소시키는 것, 그것은 고약한 짓이다. "나는 속독법 덕택에 《전쟁과 평화》를 읽었다. 그것은 전쟁 이야기이다"라고 한 우디 앨런의 말처럼.

어떤 의미에서 나는 책에는 이미 화살표가 그려져 있다고 말하고 싶다. 내레이터가 하는 일이 바로 그것이다. 책은 신호로 가득 차 있다. 책에 관한 가장 인상적인 은유 가운데 하나는 곰

브로비치의 가장 편집증적인 소설 《우주》이다. 세상은 화살표로 표시돼 있고, 책은 하나의 신호망이며 발자취를 찾는 게임이다. 책이란 그런 것이다.

어떤 책의 이야기의 논리 속으로 들어가는 것은 이 화살표 게임 속으로 들어가는 것이다. 하지만 학생들에게 그것을 읽는 법을 가르치고 이해시키려면, 왜냐하면 '화살표로 표시된 책'이 지목하는 것이 그들이므로 책에 화살표를 남겨야 하는 일은 교사의 몫이다. 교사가 학생들에게 핵심을 청하고 핵심——이것은 절대 줄거리가 아니다!——을 발견하는 것을 가르쳐야 한다. 만일 화살표로 표시된 책이 절대 필요하다면 그것은 교사가 더 이상 그 일을 할 능력이 없다는 의미일 것이다. 컴퓨터는 교사들의 무능을 대체하러 온 보철 기구이며, 우리 교육의 불행 중 하나이다.

> 19세기의 위대한 소설들 안에서 이야기는 독자를 사로잡은 것이 아니었다는 것을 고려하지 않더라도 그런가.

플로베르는 《보바리 부인》을 통해 '아무것도 아닌 것에 관한 책'을 쓰고 싶었다고 말한 바 있다. 이는 무엇보다도 독자가 결말을 알고도 그 책을 읽고 싶어하는 것을 의미한다. 독자에게 흥미로운 것은 내레이터가 줄거리를 분배하고 그것을 해설하는 방식, 한 권의 책의 살을 만드는 그 모든 것이기 때문이다.

문학을 사상으로 복권시키기

■ 알베르 티보데의 생각처럼 프랑스 문학은 자신을 하나의 연속성으로서 생각하기를 멈췄다. 작가들은 있지만 문학 운동이나 하나의 문학 세대에서 다른 문학 세대로의 진정한 계승은 더 이상 찾아볼 수 없게 됐다. 시대 소설은 거의 실종된 상태이다. 당신은 이런 상황을 어떻게 설명하겠는가?

우선 나는 문학의 중심으로 돌아가고 싶다. 존재의 의미라는 문제가 그것이다. 프랑스 문학은 상당히 오래 전부터 그 문제로부터 고개를, 얼굴을 돌렸다. 그것이 그에게는 저속하고 진부한 것으로 여겨졌기 때문이다. 비평, 특히 세련된 비평은 그것을 언어의 자기 지시 개념으로 대체하려고 애쓰면서 그 점에서 클로드 시몽을 따랐다. 그에게 문학은 "그림처럼 그것 자체 이외 다른 주제는 없다." 같은 텍스트, 그러니까 스톡홀름에서의 강연에서 그는 《인간 조건》이 웃기고 틀린 제목이라고 판단했다. 그렇다면 《전쟁과 평화》는 어떤가? 바실리 그로스만의 걸작 《인생과 운명》은? 말로의 숭배자가 아닌 내가 보기에도 이것은 약간은 과장이고 허풍이며 허식인 것 같다. ("아 맞아요! '중국의 위대한 밤!' 물론 '벨기에의 위대한 밤……' 도 맞죠"라고 한 나보코프의 지적을 기억하라.)

그러나 문제는 그것이 아니다. 어떤 의미에서 그 제목은 《감정 교육》《잃어버린 시간을 찾아서》 또는 《자유에의 길》만큼이나 훌륭하다. 문학이 탐색하는 것은 이런 것이다. 우리가 잃은 길, 잘못 든 길, 이야기가 덫을 놓은 그 길들이다. 클로드 시몽의 작품이 하고 있는 일도 정확히(그리고 다행스럽게도!) 그것이다.

문학의 실천은 이런 독단적인 생각에 의해 약해지지 않을 수 없다. 그리고 그로 인해 균형을 잃었다. 그 시절은 좀 지났고, 교리는 빛을 잃었지만 그 결과는 지금도 눈에 띈다. 우리가 어떤 라틴아메리카나 체크의 작가에게서 인정하는 것을 프랑스 작가에게는 거부하며 우리 스스로도 거부하고 있다. 뭐라고? 당신은 어떤 것에 대해 말하고 있군! 감히 인물들을 등장시키려고 하다니! 오랫동안, 70년대말이라고 해두자. 장 파토카의 위대한 작품 《작가, 그의 목표》를 읽는 것은 거의 불가능했다. 파토카는 '암흑의 시대'를 산 사람과 독자로서의 경험에 침착하게 기댄 철학적 힘을 가지고 작가의 '역할'을 이렇게 성의하고 있다. "그는…… 인생의 의미라는 이 엮음무늬의 최초의, 본래의 폭로자요, 인생의 전부와 우주 전체의 고유한, 본래의 경영자이다." 한 '전위'적인 잡지 82쪽 또는 83쪽 안에 그 책의 발췌문들을 실으면서 나는 독자의 반감을 사지 않기 위한 허두를 몇 번이나 되풀이해야 했다.

세상의 방향을 책임지는 것? 대개의 작가들은 신중하게도──우리가 그들에게 너무 겁을 주었다!──감히 그들에게 그들 자신의 주관성과 그들 자신의 글쓰기에 대한 욕망을 표현하는 것말고 다른 책임이 있다고 생각하거나 말하지 않는다. 그것 역시 당연히 내면으로의 후퇴이고 명백한 호언장담이다.

■ 이것이 쿤데라의 표현을 빌리자면 '소설의 종말'이고, 바르가스 로자가 《끝없는 대향연》에서 말한 것처럼 탐색의 문학과 역(驛)문학의 치명적인 분화의 영향으로 소설이 실종된 것인가?

여기 프랑스에서는 그럴지 모르지만 다른 곳에서는 그렇지 않다. 여기에서도 아니다. 사실 우리가 수수께끼와 게임(이것들은 텔레비전의 **오락 프로그램**들이 보여 주고 있다)에 더 이상 공간을 할애하지 않는 묘사들에 빠져 있지 않을 것이기 때문에, 누군가가 이런 질문들을 개인적으로 다시 해볼 가능성은 있다. 그게 무슨 의미가 있나? '옳은 삶'(이것은 행복한 삶과는 전혀 다른 것이다)의 길을 외로이 찾는 것, 소설의 인물이라는 이 유령들, 이 허상의 존재들을 가지고 그것을 형상화하는 것이 무슨 의미를 가지나? 그렇다, 이들은 허상들이다. 하지만 이 버추얼리티(명목상으로는 그렇지 않으나 사실상 그러한 것)는 하나의 행위, 우리라는 이 행위의 그림자에 불과하며, 버추얼리티는 우리의 삶에 의해 그 그림자에 생기를 부여한다. 내가 보기에 위험한 것은 그러한 시도를 잘해 낼 수 있는 능력이 아니라(왜냐하면 글쓰기로 인도하는 억누를 수 없는 고독한 움직임이 있기 때문이다) 독자로서 다른 사람의 책들, 담론들이라는 유익한 거대 영향력에 몸을 내맡기려는 욕망이다. '책을 읽게 되면 나라는 존재를 잃지는 않을까?' 이런 대중의 의혹은 지배층이 피지배층에게 흔히 파놓는 덫에 대한 두려움을 의미할 때는 너무나 당연한 것이지만, 왜 이것이 학생들·대학생들 사이에서 오랫동안 지속될까?

그러는 동안에도 문학은 약해진 채로 지속되겠지만 그것은 어떤 독자를 위한 것인가? 그리고 2백 또는 3백 권의 책들, 문학의 거대한 복귀에서 반드시 그것을 볼 수 있는 것도 아니다. 우리는 망설임의 시대에 살고 있다. 거기에서는 창조력이 선전 광고 소리에 가려지며, 비평이 권력과 복종의 게임들 안에서 너무 자주 길을 잃고, 네트워크·혈족 관계·일치는 언제나 보이지 않으며, 모든 작가가 은밀하게 자신의 세상을 창조하고 고정되지 않은 자신의 계보를 인정한다. 이것은 오직 은밀하게 존재할 수 있다. 누가 감히 파토카의 표현을 자신의 것으로 다시 취하겠는가?

저자의 모습은 교묘하게 훼손되었고, '작가'의 모습——그의 여자들, 집들, 수첩들, 파이프와 개——은 터무니없게 신화화되었다. 이것은 함께 이루어진다.

그는 어떻게 됐나? 어쩌다 그 지경이 되었나?

저자는 어떤 정신분석학적·언어학적·철학적 통설에서 나온 세 가지 반론의 피상적인——그리고 특히 무척 관심 있는——적용에 의해 말을 몰수당했다. 관심이 있다? 그렇다, 문학 안에 남아 있는 이 질긴 생각의 보루를 사라지게 하는 데 관심이 있는 것이다.

정신분석학적 반론, 그것은 네가 생각한다고 믿는 곳에서 생각한다는 것이다. 언어학적 반론, 그것은 언어의 기능은 발화자의 의지, 말하려고 하는 의미를 벗어난다는 것이다. 철학적 반론, 그것은 저자의 모습은 언어 중심적 유물, 창조에 관한 형이상학의 마지막 잔해라는 것이다.

여기에 자발적인 오해, 문학적 미학에서 '수용 이론'이라 부르는 것의 남용이 추가된다. 이로 인해 읽힌 작품은 역사적 해석이라는 복잡한 게임 속으로 들어간다. 역사적 해석은 작품을 이리저리 옮겨 놓고 작품에 새로운 수정 사항들을 강요한다. 하지만 어떠한 경우에도 그것은 다만 작품은 오직 독자가 읽기 나름이라는 것을 의미할 뿐이다. 이에 대해 어떤 사회학자는 문학에 대해 이렇게 말했다. "만일 어떤 마그리브 이민 2세가 카뮈의 소설에서 이방인은 뫼르소를 죽인 아랍인이라고 말한다면, 그에게 무슨 권리로 그렇지 않다고 말하겠는가?" 이 발언은 모든 독서를 무로 돌아가게 한다. 그것은 그가 편들고 있다고 믿는 것을 불가능하게 만든다.

흔히 그렇듯이 폴 리쾨르는 다음과 같은 방식을 제시함으로써 이 모순을 극복했다. 텍스트는 독서 행위를 통해서 작품이 되고, 독자에게 생각과 행동의 원천이 될 수 있는 일종의 버추얼리티로 완성된다.

그렇지만 연속적인 비합법화라는 이 십자포화 밑에서 '저자'의 역할, 기능은 불신을 샀다. 나는 작가가 사교계 인사, **뉴스의 총아**가 되는 대신 수사에 의해 언표들을 제안할 수 있는 능력을 갖춘 저자가 되기를 바란다. 그리고 누구를 위하여 그는 이런 기능을 빼앗겼나? 독자를 위해? 독자에게는 그렇게 말하고 싶어한다. 하지만 이제는 텍스트가 제시하는 것을 믿지 않게 된 데에서 용기를 얻은 독자는, 자기 쪽에서도 그것에게 뭔가를 제안할 수 없다는 것을 알고 문학과 읽기를 재빨리 외면해 버린다.

그는 거기서 그 자신만을 발견할 뿐이며 지루해진다. 자크 랑시에르가 《역사의 이름들》(쇠이유, 1992년)에서 훌륭하게 증명한 것처럼 결국 문학 이론은 새로운 역사가 되어 버린다. '새로운 역사'는 거기에서 그것을 부당하게 소지한 자들——왕들, 사건들——로부터 역사적 발언을 빼앗음으로써 여태껏 한번도 그것을 소지한 적이 없는 것, 오랜 기간, 밀, 지중해, 백성에게 그것을 돌려 주자고 주장했다. 그러나 결국 우리는 백성에게도 바위에게도 밀에게도 발언권을 주지 못하고, 대신 역사가들에게 발언권을 주었다라고 랑시에르는 말하고 있다.

마찬가지로 세상의 다양성에 대한 발언, 저자와 문학에게서 빼앗은 의미를 문제로 보고 행하는 탐색, 그것을 독점한 것도 사회학자·비평가·이론가이다……

■ 문학 비평은 학술 비평이 아닌데…….

어쨌든 마찬가지이다. 공격을 당한 것은 세상을 생각하는 주체로서의 저자이다. 잘려진 것은 문학이 생각하는 개념이다.

■ 하지만 책은 조직적인 싸움의 대상이고, 그 싸움은 비평가들을 분열시키고 있는데?

당신이 말한 것처럼 책을 둘러싸고 벌어지는 이 '싸움들'에서 이득을 찾으려면 그것의 목적이 전혀 다른 것이어야 할 것이다. 우선 한 권의 책이 사고한다는 것, 그리고 책들 안에서 사고하는 것에는 언어만 있는 것이 아니라 사고하는 '누군가,' 즉 저자도 있다는 것을 받아들여야 할 것이다. 이것은 그를 가지고 조물주나 '사상의 대가'로 만드는 것이 절대 아니다. 그것은 단순히 이런 저술 행위, 혹은 뮈질의 표현을 따르면 이런 '상태'를 정확하게 명명하게 해준다. 이것은 '창조,' 자신의 표현, 개인의 신경증, 상징적인 보상이 아니고 '사고로부터 나오는' 것이다. 저자의 신경증, 성공과 실패, 좌절, 죽음에 대한 공포, 그를 제한하는 모든 것, 그를 역사 안에 가입시키는 모든 것, 이 모든 것을 가지고 그는 사상이라는 뭔가를 만든다. 심오하고 새로운 사상, 또는 빈곤하고 반복되는 사상, 자 이것이 책들간의 차이를 만드는 것이다.

▌그럼 쿤데라 같은 사람과 당신간의 차이를 만드는 것은 무엇인가?

아마도 현재에 대한 지나친 거부일 것이다. 나는 오히려 《현대》의 소개말에 담긴 사르트르의 의견에 찬성하는 편이다. "이 시대는 우리의 시대이다. 어쩌면 더 좋은 것들이 있을지 모르지만 우리가 가진 건 이것뿐이다." 현재가 우리의 참여와 행동의 장소이다――우리가 가진 건 이것뿐이다.

하지만 다시 쿤데라, 그리고 기운을 회복한 어떤 시대로 돌아와 그래도 내게 깊은 감동을 준 것은 그가 문학은 세상을 사고하는 것이고, 문학이 사고하는 것은 문학만이 할 수 있다는 그 관점을 절대로 양보하지 않았다는 것이다. 이것은 누군가――저자——가 그것을 인수하기 위해(라틴어로 **저자**(auctor)는 보증인 · 책임자를 뜻한다) 존재하며, '나는 쓰는 것으로 만족해' 라는 식의 낭만적이고 진부한 생각 뒤에 숨지 않는 것을 전제로 한다. 스스로 책임자——미학적으로뿐만 아니라 윤리적으로, 공민적으로도——라고 생각하는 것…….

일부 작가들은 거부하고 있지만 그것은 그들의 본분이다. 어쩌면 그것은 협박이 도에 지나친 것이거나 도에 지나치게 유행을 따르는 것일지 모른다. 그들이 거부해도 심오한 사상이 담긴 탁월한 저서들을 쓰는 데는 전혀 방해가 되지 않는다. 사르트르에 따르면 참여만큼이나 이런 거부도 당연한 것이다. 우리는 그것이 무엇이든 우리가 원하는 것에 참여한다.

작가, 신문의 비평가, 대학의 학술비평가들은 모두 똑같이 미망에 빠져 있다. 때로는 낡은 형식주의 속으로 도망치고, 때로는 문학에는 뭔가 극히 중대하고 절박하며 긴요한 것이 있다는 생각, **이것은 결국 삶 혹은 죽음이 걸린 문제**라는 생각에는 여전히 불평을 늘어놓으면서 전기나 신경증이라는 거짓 발자취를 찾는다.

▍이런 공적 차원을 부담하고 당신의 선택을 부담하기 위해, 당신은 프랑스 문학보다 괴테의 의미에서 세계의 문학을 더 많이 선택했는데 그것은 어떻게 된 일인가? 왜 당신은 그 정도로까지 외국 저자들에게 특권을 부여하나?

왜냐하면 중국 · 인도네시아에서, 아니면 얼마 전까지만 해도 동유럽에서 작가가 '의미의 관리자'라고 말하는 것 혹은 모든 필요한 뉘앙스를 가지고 자신의 참여를 말하는 것은 반향을 가져오기 때문이다. 나는 베이징에서 한 여성 작가와 대화를 나눈 적이 있는데, 그녀는 25년간의 강제적인 침묵과 반지식인 공세를 겪은 뒤에 다시 작품을 쓰기 시작해서 일본과의 끔찍한 전쟁의 결과를 주제로 삼아 글쓰기에 전념했는데, 살아 있는 중국 포로들이 허수아비처럼 생체실험실로 끌려가는 등 그 참혹함이 우리의 모든 상상을 뛰어넘는다. 만일 당신이 베이징대학교 안에 있는 썰렁한 그녀의 아파트에서 이 수수하고 주제넘지 않는 여성에게 작가는 의미의 관리자라고 말한다면, 그녀에게 그것은 당연한 것이다. 여기서는 진부하고 고지식하며 시대에 뒤진 것으로 간주되는 그 문제들이 그쪽에서는 여전히 지극히 중대한 문제들로 남아 있는 것이다.

▌그럼에도 불구하고 당신은 프랑스 문학이 다시 지방화하고 있다고 생각지 않는가?

어떤 시기——전쟁 직전과 직후를 예로 들자——에 프랑스 문학은 번역의 큰 흐름에 의해 그의 거만한 지방주의에서 벗어났다. 지드는 선도자의 한 사람이었다. 오늘날 우리가 제임스 혹의 《무죄가 입증된 죄인의 고백》을 비롯한 훌륭한 텍스트들의 번역본을 볼 수 있는 것도 그의 덕이다. 전쟁이 끝난 후 모리스 나도의 《신문학》은 보기 드문 고급 노동의 현장이었다. 그 덕에 모든 가장 위대한 작품들이 프랑스에 소개되었다. 괴테에 따르

> 문학에는 뭔가
> 극히 중대하고 절박하며
> 긴요한 것이 있다,
> 결국 문학은 삶 혹은 죽음이
> 걸린 문제이다.

면 Weltliteratur(세계 문학) 같은 문학을 구상해야 할 필요성은 프랑스 문학보다 좋은 문학은 없다는 프랑스인들의 편견이 깨지면서 프랑스에 나타났다. 그것은 양질의 번역서들과 번역가들 덕에 맞은 황금기였다. 우리는 지드의 작품을 읽으면서 영어 서적도 읽었다. 환희의 시절이었다——나는 그 시대를 살지 못했다, **경험적으로** 묘사할 뿐이다. 우리는 프랑스의 특수성 안에서 만족하는 대신 세상의 반대편 끝의 문학 안에 빠져 있는 자신의 모습을 보았다.

70년대와 80년대부터 가속도가 나타났는데, 그것은 아마도 프랑스 문학의 어떤 불모화로 인한 현상인 듯하다. 우리는 가장 덜 좋은 작품이나 최고의 작품이나 똑같이 번역되고, 특히 모든 번역가가 더 이상 지드가 될 수 없는 과도한 번역 정책에 빠지게 됐다.

그로 인하여 번역된 텍스트들에 어떤 권태가 왔고, 불완전한 또는 모더니즘이 지나치게 범람하는, 또는 너무나 취약한 문체의 프랑스어를 읽으면서 지겨워하는 사람이 나만 있는 게 아니다.

거기서 현대의 것이든 과거의 것이든 프랑스 문학으로 돌아와 언어 속에 다시 한 번 깊이 잠기고 싶다는 나의 바람이 생겼다. 번역 분야에서 글자 그대로 편집자의 태만이 너무 많이 발견된다. 그 결과 우리 눈에는 문학 전체가 전체적으로 속임수를 쓰는 것처럼 비친다. 세르반테스는 번역에 대해 이렇게 말했다. "번역된 텍스트를 읽는 것은 융단의 뒤쪽을 보는 것과 같아서 더 이상 형상은 볼 수 없고 대신 늘어진 실만 볼 수 있을 뿐이다." 패트릭 화이트나 다른 많은 작가들의 작품을 읽을 때 우리의 입 안에는 실이 가득하게 된다. 프랑스에는 러시아나 폴란드와는 달리 좋은 작가들, 위대한 작가들이 번역을 하는 경우는 보기 드물다. 또한 독일어 번역가인 장 클로드 에메리처럼 훌륭한 번역가도 보기 드물다. 이를테면 역시 독일어 번역가인 니콜 바리·알랭 랑스 같은 탁월한 번역가도 있지만 전문 번역가가 반드시 스케일 큰 문장가인 것은 아니다.

이것은 특히 아이슬란드·말레이시아처럼 먼 나라들, 우리가 영원히 알 수 없는 언어들로 된 문학의 저자들에게 유감스러운 일이다. 우리는 그들은 우리처럼 단조롭지 않을 거라고 생각하지만 어떻게 알 수 있으랴?

> 당신은 동유럽, 이탈리아 문학, 남아메리카 문학에 열정을 기울여 왔고, 지금은 중국·인도네시아 등의 문학을 발견하고 있다. 이런 끊임없는 발견의 욕망은 어디에서 나오는 것인가?

그것은 내 여행지의 변화와 함께 가는 변화이다. 독서는 여행이고 여행은 독서라고 빅토르 위고는 말했다. 나는 동심원을 그리며 여행했다. 우선 나의 고전주의 연구가 끝났을 때에는 고전적으로 남부 유럽의 이탈리아와 그리스를 여행했다. 그런 다음에는 장벽이 무너지기 전에 중유럽과 그곳의 문학을 알게 되었고, 마지막으로는 극동 지방을 네다섯 차례 다녀왔다. 그것 역시 문학과 동시대 세상에 대한 호기심 때문이었다. 나에게 여행을 준비하는 일은 그 나라 작가들의 책을 가능한 한 많이 읽는 일이다. 사르트르와 시몬 드 보부아르의 책을 일본어로 옮긴 아사부키 토미코라는 여성 번역가의 짧은 이야기 안에서, 우리는 그들이 이 여행을 어떻게 준비했는가 하는 것을 알 수 있다. 그들은 60년대에는 아직 거의 번역되지 않았던 일본 문학의 영어·이탈리아어·프랑스어·독일어 번역본을 50여 권이나 읽었다. 하지만 더 보기 드문 문학에 관해서는 내가 더 큰 소리로 폭로한 번역 문제와 부딪치게 된다.

■ 당신이 마지막으로 발견한 아이슬란드는 유럽에서 사람들이 책을 가장 많이 읽는 나라이다. 당신은 아이슬란드에서 무엇을 발견했나?

아이슬란드는 노벨상을 받은 세상에서 가장 작은 나라이다. 노벨상은 1950년대에 락스네스가 받았다. 지금 그는 1백 세가 다 되었다. 그는 우리가 빨갱이 작가들이라고 부른, 정치에 적극 참여하고 공산주의를 지지하는 작가들에 속해 있었지만 냉전의 종식과 함께 이 모든 것이 사라졌다. 레이캬비크는 하나의 큰 미군 기지였고, 주민들은 그에 대해 상당히 적대적이었다. 우리는 많은 책을 번역했는데, 최근에는 귀드베르귀르 베르그손의 작품이 훌륭한 솜씨로 번역되었다. 하지만 때로는 번역가가 어떤 책을 번역하게 됐는데 그가 그 책의 유일한 중개자인 경우가 있다. 그것은 좋은 일이 아니다. 러시아인들은 이와는 달리 한 단어 한 단어를 번역했다. 파스테르나크도 그런 식으로 셰익스피어의 작품 전체를 번역했다. 그리고 클로드 로이는 한시(漢

詩)를 그렇게 번역했다…….

▌ 부정적이라 할 수 있는 그런 확인에도 불구하고 당신은 프랑스 문학은 거의 읽지 않고 있다. 그것은 왜인가?

그렇지 않다. 나는 방금 《한스카 부인에게 보내는 편지》를 포함해서 발자크의 전편을 다시 읽은 참이다.

▌ 프랑스 소설의 역사에 혈통의 단절이 있었다고 보는가?

《죽은 이들의 선물》에서 나는 현대 문학은 19세기말에 분열을 겪었고, 그 분열은 무수한 결과를 낳았다고 말했다. 그것은 플로베르의 이중 후계자이다. 예술을 위한 예술, 그리고 자연주의가 그것이다. 그 결과가 무엇이냐고? 형식의 탐구는 곧 목적을 잃었고, 단조로운 사실주의는 언어의 투명성을 믿었다. 하지만 다른 것도 있으니 자연주의는 인문과학, 그러니까 심리학과 사회학의 탄생으로 유죄를 선고받았다. 인문과학은 자연주의로부터 '권리'·신경증·사회 생활·열정 등의 주제를 빼앗았다. 자연주의의 시도 안에는 크고 강한 어떤 것이 있다. 졸라는 발자크의 직접적인 후계자이다. 발자크가 왕정복고와 루이 필리프의 7월 왕정을 위해 한 것을 그는 나폴레옹 3세의 제2제정을 위해 계속한다. 그것은 비상한 시대 사상이고, 체계적인 깊이를 갖춘 시대관이다.

하지만 졸라 이후 자연주의는 생기를 잃는다. 그리고 우리는 프랑스에서 사실주의 혹은 자연주의의 위대한 소설이 거의 실종된 것을 애석해할 수도 있다. 왜냐하면 이번에는 다른 경향, 예술을 위한 예술의 경향이 승리를 거두었기 때문이다. 그리고 오늘날 사회적 차원의 상실은 많은 작가들을 가정의 '독사의 사리,' 즉 중산 계급 가정에서의 어린 시절과 최초의 성적 흥분 속에 가둬 버리고 만다. 현재 우리는 프랑스에서 바실리 악쇼노프의 마지막 작품(《모스크바의 사가》, 갈리마르, 1995년) 같은 소설을 상상하기 어렵다. 그 작품은 한 가족사를 통해 1917년 혁명부터 현재까지의 러시아를 다루고 있다. 그것이 꼭 매우 위대한 문학은 아닐지 모르지만, 그래도 탐정 소설의 패러디나 몇 번씩 되풀이되는 위장 자서전 같은 것보다는 훨씬 더 많은 흥분을 안겨 준다.

게다가 누보 로망의 무게가 있다. 작품들 자체의 무게보다는 거기 빼앗긴 이론의 무게가 더 크다. 신랄한 정의들, 절대 명령들, "이야기의 모험이지 모험의 이야기가 아니다."(장 리카르두) 리샤르 앙리 다나의 작품 《앞갑판 위에서 보낸 2년》(라퐁, 1990년)을 읽어보라. 이것은 보스턴 출신의 한 부유한 청년 부모의 명령으로 요양차 상선을 타고 세계 일주를 하는 내용의 교육 소설이다. 당신은 이것이 '모험의 이야기'라는 것을 확인하게 될 것이다.

▌ 하지만 프랑수아 누리시에나 베아트리스 베크 같은 소설가들도 있지 않은가?

맞다, 또 앙리 칼레와 레이몽 게랭도 있고, 특히 《불안의 광장》의 피에르 르베르지도 있다. 《레옹 모랭 신부》는 좋은 프랑스 영화를 낳은 몇 안 되는 소설 중 하나이다. 또한 매우 비난받는 사실주의 시대에 쓰여진 감탄스러운 아라공의 소설들도 있지만 《성스러운 주일》《오렐리앙》과 최후의 방식도 생각해 보라. 그리고 《자유에의 길》도 다시 읽어 보라……

■ 결국 당신 덕에 발견된 동시대 작가는 아무도 없군?

나는 읽는 면에서나 쓰는 면에서나 동시대 작가들과는 진정한 연대감을 그리 자주 못 느낀다. 하지만 예외도 있다! 르노 카뮈, 두 롤랭, 즉 장 롤랭과 올리비에 롤랭, 트라사르·레다·루보·아니 에르노·플로랑스 들레·카트린 레프롱이 그들이다. 여성이 많은데 그건 엄연한 사실이다. 소위 '여성의 글쓰기'를 참고한 것은 결코 아니다……

■ 페렉은 어떤가?

그렇기도 하고 아니기도 하다. 너무 틀에 박힌 《인생, 그 용법》보다는 오히려 《W 혹은 유년의 추억》이 더 낫다. 나는 베르나노스나 셀린의 소설처럼 다시 읽을 수 있는 소설들을 좋아한다.

■ 그렇다면 당신이 동시대 저자들에게서 느끼는 억압은 어디서 오는 것인가?

문학의 공포는 바로 현실의 세상이다. 발레리는 소설을 하위 장르로 선고하며 그렇게 말했다. 원래 의미에서나 비유적 의미에서나 지방, 형식주의, 혹은 중산 계급의 교육을 벗어나려는 모든 시도는 상당히 냉대받고 있다. 내 생각에는 그 때문에 몇몇 작가들이 여행 이야기에 흥미를 보이는 것 같다. 이것은 금기를 교묘히 우회하면서 피하는 방법이고, 프랑스어 산문을 위해 유익한 치료법으로서 '현실'——여기서 나는 역사, 넓은 세상, 시대의 단절들과 요구들을 말하려는 것이다——을 회복하는 수단으로 제공된다. 이들을 '여행가 작가'로 간주하느냐 마느냐 하는 것은 전혀 중요하지 않으며, 대신 세상이 문학을 빠져 나간 어떤 순간에 세상에 관해 말할 수 있다는 게 중요하다. 《세상의 용도》《물고기 전갈》을 비롯한 니콜라 부비에의 소설을 읽는 것은 하나의 환희이다.

> 적어도 작가들이 생각하는 것에 관심을 가질 수는 있지 않을까…….

시오랑의 말이 생각난다. "작가들과의 토론에서 아주 지루한 것은 그들이 하나의 세상을 갖지 못했기 때문에 문학에 대해 말하는 것이다. 나는 그들이 간직한 세상에 대해 그들과 말하고 싶다." 이 말에 모든 것이 담겨 있다. 우리는 문학의 저자가 '하나의 세상을 간직한 사람'이라는 사실 자체로부터 뭔가를 창조할 수 있을지도 모른다는 생각을 잃어버렸다. 비평가가 당신에게 던지는 첫번째 질문은 이것이다. "이것은 자서전이다. 그렇지 않은가?" 그리고 내가 근친상간과 강간죄를 선고받은 사람의 외로운 아내를 무대에 등장시킬 때처럼 정말로 불가능한 상황이라면 사람들은 내게 어디서 그것을 발견했느냐고 묻는다. 그들은 그것이 하나의 자료라고 생각하는 것이다. 이것은 작가가 하나의 상황을 상상하고 인물들을 만들어 내는 등의 일을 한다는 생각을 아무도 하지 못하기 때문이다. 하지만 그게 맞는 것이고, 그의 '능력'이며, 그것은 하나도 신비스러울 게 없다. 설령 저자가 반드시 항상 알아차리고 있을 수는 없다 해도 강도 높은 감수성의 상황 속에 들어갈 수 있는 것은 능력이다. 우연히 슈퍼마켓에서, 라디오에서 들은 어떤 단어를 가지고 꿈을 꾸고 거기에서 **가공의** 인물을 탄생시키려면, 그렇다, 당신이 **허구**에 익숙해져야 한다. 마치 화석 이빨에 대해 꿈꾸던 퀴비에(비교해부학과 고생물학의 창시자)가 멸종된 동물을 발견했듯이. 상상력은 이미지의 저수지나 상점이 아니다. 그것은 하나의 능력이다. 그 순간부터 창의력이 물리학적으로 아주 강도 높은 추진력에 의해 자신의 형체와 광경을 풀어낸다. 내가 《강간》을 쓰기 여섯 달 전에는 마도가 그의 영세민 공영주택 안에서 사는 상황에 관하여 체계적이고 일관성 있게 말할 수 있는 것이 아무것도 없었다. 하나의 이미지가 다른 이미지로 이끌고, 하나의 단어가 다른 단어를 연상시키며, 그렇다, 명령하는 건 바로 언어, 혹은 기억, 무의식, 혹은 당신이 원하는 그 모든 것이 될 수 있다. 왜냐하면 우리는 일종의 극도의 긴장 상태, 극도의 신경과민 상태에 빠지기 때문이다. 그리고 이와 동시에 여전히 아주 빠르게 우리는 선택하고 보관하며 제거한다. 글쓰기에 관한 이론은 행동이론이 되어야 할 것이다. 가능성을 시험할 때는 민첩해야 하고, 결정할 때는 신속해야 하기 때문이다.

■ 당신이 묘사하는 것이 그림에도 적용될 수 있을까?

그렇다. 들라크루아를 예로 들어 보자. 그는 아주 똑똑하고 아주 지적인 화가였다. 들라크루아가 그림을 그릴 때 그는 이미 머릿속으로 여러 달 동안 자신의 그림에 매달려 있었을 것이다. 그리고 한 번에, 아주 빨리 그려 버렸을 것이다——보들레르도 그런 식으로 썼다고 그의 《일기》에 그 자신이 묘사하고 있다. 이 연약하고 왜소하며 허약한 남자가 시스티나 성당의 거인(미켈란젤로)처럼 행동한 것이다. 그는 빨리, 놀랄 만큼 빨리 그렸고 창조했다. 제작은 필연적으로 창작인 것이다.

마찬가지로 글을 쓰는 동안 우리는 환각에 사로잡히고 환영을 보며, 우리가 아는 줄도 모르고 있던 것들을 되찾는 능력을 스스로에게서 발견하게 된다.

■ 결국 당신은 철학자들이 예술적 체험을 충분히 신뢰하지 않는 것을 비난하는 건가?

그건 틀림없다. 철학자들이 화가들에게 할애하는 텍스트들에는 항상 건방진 태도가 떠다닌다. 아주 드물게 예외적인 경우가 있으니 프랜시스 베이컨, 프루스트에 관한 들뢰즈의 텍스트들이 그렇다. 대부분 그들은 텍스트, 그림에 훈계하는 것처럼 보

> 상상력은
> 이미지의 저수지나
> 상점이 아니다.
> 그것은 하나의 능력이다.

이고, 그림 안에 들어간 것을 그린 사람보다 더 잘 아는 것처럼 보인다. 그런 글들을 읽으면 나는 항상 《라모의 조카》에 나오는 이런 대화가 생각난다. "나: 이건 당신들이 느끼는 것보다 훨씬 더 진실이야. 그: 오! 우리와 아무 상관 없는 당신네들이 말인가! 만일 우리가 뭔가 좋은 것을 말하면 미치광이나 우연히 영감을 받은 사람 취급을 받죠. 당신들의 말을 듣는 것은 당신들밖에 없소. 그렇소, 철학가 양반, 나는 내 말을 듣고, 마찬가지로 당신은 당신 말을 듣는 거요."

이미 뒤샹은 이렇게 말했다. '화가처럼 어리석다'는 말은 없어져야 한다고. 어쨌든 작가들은 이런 협박의 시도들에 저항해야 하고, 철학자들로부터도 이론가들로부터도 그가 쓰는 것에 관한 '진실'을 기대해서는 안 된다——게다가 이것은 누보 로망의 이런저런 작가들을 한 번 이상씩 골탕을 먹였다가, 이번에는 불행히도 한 이론가로부터 한 방 맞아 쓰러졌다.

▌ 장 리카르두 말인가?

그렇다.

▌ 그렇다면 무엇을 써야 하나?

작가들이여, 나의 형제자매들이여, 좀더 노력하라! 쓰는 것은 생각에서 나온다. 철학자들의 그것처럼. 약간 다르기는 하다. 이것은 춤추는 생각이고, 살아 있는 생각이다. 이것은 개념의,

혹은 명제의 단계를 거치지 않는다. 이것은 발생하고 사라지는 언표를 형성한다. 이것은 언어를 가지고, 낡은 책들을 가지고, 독서의 잔여물――우리가 꿈을 두고 '낮의 잔여물'이라고 하는 것처럼――과 여기저기서 주워들은 말의 조각들을 가지고 구성한다. 이것은 모든 가장 내밀한 경험을 가지고 게임을 한다. 이때 그것이 어떤 경험이냐 하는 것은 중요하지 않다. 흐라발에게는 프라하의 술꾼들과 맥주집들의 경험, 최하층민들과 넬슨 올그런 집에서의 마약 경험, 성적 모험들이 그것이다. 그런 건 중요치 않지만 이런 배경이 생각되어지고 숙고되어지며 명상되어지고 체험되어져야 한다. 그렇다고 우리가 예순 살은 되어야만 쓸 수 있다는 건 아니다! 번쩍임들, 경쾌한 생각들이 있고 랭보가 있으므로 그것은 나이의 문제가 아니다. 또 타니자키와 그의 《미친 노인의 일기》가 있으니…… 이것은 전적으로 사적이고 기이한, 시간과의 관계를 쓴 글로서 생각하게 만든다. 솔레르스는 이에 대해 우리가 말할 수 있는 만큼 말했다.

그리고 《라모의 조카》에서 라모가 말한 것처럼 만일 작가가 생각한다 해도 그는 우연히라도 그것을 알아차리지 못할 거라는 말을 믿어서는 안 된다. 이것은 어쩌면 특별한 신경증과는 무관하지 않을까, 어쩌면 신경증 치료의 한 형태로서 사라지게 하지 않고 대신 살 만하게 만들고 심지어 생산성까지 갖게 하는 건 아닐까. 인물의 균열은 객관화의 힘으로 방향을 바꾼다.

이 장에는 아리스토텔레스의 작품(《천재와 우울증》)의 한 부분도 있는데, 거기서 그는 한 사람의 능력을 어둡게 만들고 마비시키는 우울증이 어떻게 '천재'에게선 창조적 역량으로 바뀌는가

하는 것을 보여 준다. 나는 모든 작가가 천재라고 말하려는 게 아니고, 우울증을 뒤집는 이 아이디어가 놀랄 만큼 분명하다는 것이다. 우울증은 부정적이고 파괴적이며 죽음으로 귀결하게 만드는 힘이다——끝없는 슬픔이다. 그런데 그것이 어떤 이들에게는 힘이 되고, 기쁨이 되는 것이다.

이 모든 것이 작가에게는 지속적이고 부단하며 끈덕진, 그의 인생 전체를 차지하는 묵상의 대상이 된다. 모든 작가가 세속적·역사적·실록적 의미에서 특별한 삶을 살지는 않는다. 자신과 자신의 우울증에 관한 이 저작은 심한 쇠약의 순간들(플로베르의 '노쇠')과 저술로 나타나는 충동적 추진력의 순간들을 가지고 남과 다른 삶을 만들어 주기에 족하다. 작가는 글을 쓰고 있는 동안에만 쓰지 않는다. 그는 항상 글을 쓴다. 왜냐하면 항상 그에 대해 생각하고 있기 때문이다.

작가는 신경증을 이론적·실천적으로 되풀이한다. 신경증이 자기 분석을 한다고까지는 말하지 못하겠지만 그것은 작가가 살아 있도록 붙들어 준다.

■ 그래도 프랑스에는 위대한 산문가들이 있다. 단지 몇 명만 인용한다 해도 자크 루보에서부터 플로랑스 들레, 나타샤 미셸, 에릭 올데르가 있다. 문학적 계보, 지리학 등이 있으며 모든 것이 같은 장부에 적히지는 않는다.

그래도 구분이 있다. 작가를 구분하는 것은 글쓰기에 대한 그들의 철학이다. 오래 가는 작품의 작가들은 모두 세상을, 세상과 자신의 관계를 사고할 수 있는 능력, 응축물들과 표현들을 생산할 수 있는 능력을 드러낸다. 하지만 그렇다고 해서 모든 작가가 그 점에 대해 동의하고, 그것이 계보를 구성하는 것은 아니다. 아니 에르노는 자기가 하는 것이 '문학에 속하지' 않는다고 생각하는데, 그렇다고 해서 그것이 그녀가 훌륭한 문학을 쓰는 데 방해가 되지는 않는다.

▌ 당신은 오랫동안 전투적인 플로베르주의자였다.

그것은 나의 어두운 시골의 시기였다. 나의 모든 책들에서 나는 내가 뭔가에 매여 있다가 그 뒤엔 그것으로부터 떨어져 나온 듯한 인상을 받았다. 마티스는 이렇게 말했다. "내가 생각하는 모든 것이 어떤 그림 안에서 고갈되고 나면 다음 그림을 위해 처음부터 다시 생각해야 한다." 그는 완전히 새로운 체계를 구상해야 하는 것이다. 나는 일부 소설가들처럼, 오직 소설가들만이 그렇게 하는데, 크고 강한 통일성을 갖춘 한 세트의 책을 구상하고 완성하는 지속성 있는 작가가 아니다. 《어느 추운 봄》 《지독한 3분》, 그리고 인도에 관한 책인 《파멸의 원칙》, 이것들은 모두 상당히 다른 책들이다. 이것들을 서로 연결해 주는 뭔가가 있을지 모르지만 그것은 내가 말할 성질의 것이 아니고, 나는 다만 책이 한 권씩 끝날 때마다 그 책의 체계가 다시 되풀이되어서는 안 되겠다는 느낌을 갖게 된다. 사람들은 내게 왜 중편 소설은 더 이상 쓰지 않느냐고 물었다. 나는 당장은 중편 소설을 더 쓰고 싶지 않으며, 중편 소설의 '전문가'가 되고 싶지도 않았다. 체호프·캐서린 맨스필드 같은 훌륭한 본보기들에도 불구하고 중편 소설은 상당히 답답하고, 결론적으로 말해 상당히 시시한 장르이기 때문이다. 마찬가지로 나는 인도 이후에도 많은 여행을 했지만 '여행담' 장르를 되풀이하지는 않았다. 중국을 여행할 때에는 1백7편의 시를 지었는데, 그 장르가 내게는 세상에 대한 이런 새로운 경험에 훨씬 더 적합하다고 여겨졌기 때문이다.

이렇듯 나는 매번 새로운 형식은 아니지만, 왜냐하면 모두 알려진 것들이므로 완벽한 산문 혹은 시 체계를 실천한다. 형식들을 일깨우고 그것들을 소모하는 것이 나에게는 커다란 환희이다.

■ 나는 위대한 독서가들, 흔히 위대한 여성 소설 독서가들이 어느 정도로 배타적인지를 확인하고 항상 놀랐다. 마치 소설을 읽는 사람은 오직 문학만을 읽어야 하고, 그외의 것은 아무것도 읽으면 안 된다는 듯이……

나는 책을 쓸 때처럼 책을 읽으려고, 다시 말해 지속적이고 계획적으로 불성실하려고 노력한다. 그것은 문학에 의해 제공된 형식들의 무한한 가능성에 대한 근본적인 반응이기도 하다. 우리는 아마도 새로운 형식들을 발명하지는 못할지 모르지만, 그것들의 결합 관계는 사적 일기·편지·여행담·대화 등 무궁무진하다. 그것은 주위의 염세주의에 대한 하나의 대답이다. 우리는 이제 발자크가 될 수 없고, 우리 시대에 관해 모든 것을 말할 수 없다. 하지만 우리는 문학이 자신의 모든 차원 안에서 이 시대를 탐구하는 한 그것은 죽지 않는다는 것을 입증할 수 있다. 이 모든 보물이 여기 이렇게 살아 있는 것이다. 이종 혼성에 대한 이런 취향은 현대적인 것으로, 그것은 우리의 불안이 취하는 형태이고 모든 것의 상속자라는 짓누르는 느낌에 대한 대답이다. 아마도 그것은 회화에서 피카소와 함께 시작됐을 것이다.

■ 그런 입장은 사람들이 별로 취하지 않는 것이다. 오히려 지금은 후퇴하는 때인 것 같은데…….

세계화, 유럽을 위함, 아직도 불분명한 초국가성을 위해 국가들의 분열의 결과로 나타나는 지방적·지역적 정체성을 향한 후퇴를 말하고자 하는 것이라면 나는 그런 건 잘 모르겠다. 반대로 그런 후퇴는 내면주의, 위장한 자서전 같은 다른 형태로 존재한다. 원인이 뭐냐고? 소위 '역사의 종말'이라고 하는 것, 정치적 참여의 의미에 관한 현재의 애매모호함, 유토피아의 부재, 불안한 형태의 개인주의의 발전이다.

이 위험으로부터 문학을 지켜 주는 것, 혹은 지켜 줘야 하는 것은 시간을 초월하고 국가를 초월하는 책의 공동체가 존재한다는 의식이다. 필립 로스가 말한 것처럼 쓰는 것은 그 공동체에 합류하는 것이다. 그리고 그것은 무엇보다도 먼저 독서에 의해, 작품들의 애독에 의해 획득된다. 미국에는 꺼칠꺼칠하고 거친 도시와 그들의 시대에서 곧장 빠져 나온 위대한 작가들이 있다. 프랑스에서 문학은 항상 지식 계급의 행위는 아니었다 해도 적어도 대단한 독서가들의 행위였다. 이 공동체는 시대를 연결

한다. 그것은 모든 새로운 책에 유년기의 본보기들, 은밀한 이미지들을 실어 헌정과 대조를 만든다. "과거는 죽지 않았다. 과거는 과거조차 아니다"라는 포크너의 말처럼 고인들을 동시대인으로 만드는 것도 그것이다. 클로드 로이의 서기 1천 년의 한 중국 시인과의 해후를 허락하는 것도 그것이다.

읽는다는 것은 책 속에 묘사된 상상의 상황과 관계를 맺는 일이기도 하지만, 또한 그 유골은 오래 전에 흩어졌지만 책에 자신의 지문을 남긴 낯선 유령과 관계를 맺는 일이기도 하다. 절대적인 도덕성과 희망 없는 유한성, 보호받는 삶의 단편의 한가운데에서. 이것은 《안나 카레니나》에서 내레이터의 목소리를 통해 톨스토이의 무언가가 갑자기 내게 오는 것이다. 그것은 어떤 실체, 사상적 스승, 수염을 기른 현인으로서의 톨스토이가 아니라 다시 현존하게 되고 우애 있어진 그의 도덕성 안에서, 그의 실존의 한 조각으로서의 톨스토이이다. 나는 이런 종류의 회절(回折), 확산을 절대적으로 신뢰한다. 모든 독자는 그런 경험을 갖고 있다. 비록 그가 그 경험을 그렇게 지칭하지는 않더라도, 비록 그가 저자의 이름을 잘 알지 못하더라도. '문학의 불멸성'도 그것을 지칭하는 것이다. 그것은 작가들이 하나의 동업 조합, 하나의 압력 단체라는 의미에서의 우애가 아니다. 그것은 명예, '대작가들,' 위압적인 모습, 보들레르가 말한 '등대들'도 아니다. 그것은 오히려 바르트적이다. 내가 말하는 것은 가벼운 것이다. 그것은 우리를 짓누르지 않는다. 우리를 짓누르는 것은 위대한 스승들, 로트레아몽의 말마따나 '부드러운 위대한 얼굴들'이다. 내가 말하는 그들은 방황하는 어린 영혼들이다. 그리고 한 작가의 책을 읽을 때 내가 수집하는 것은 그 방황하는 영혼의 조각이다.

■ "가상의 이야기가 효과를 가져오려면 지어낸 이야기가 계획한 행동들이 요약되고 집중되는 한 인물의 존재를 믿을 필요가 있다." 프랑수아 모리악의 《소설가와 작중 인물들》에 대한 소개글에서 당신은 그렇게 썼다. 당신이 말하는 인물에 대한 그런 믿음은 작가 자신들에 의해 재검토되지 않았나? 이를테면 카프카도 그렇고, 베케트도 그렇고…….

인물과의 볼일이 끝나려면 아직 멀었다. 발자크나 졸라의 인물과 카프카나 베케트의 인물 사이에는 엄청난 차이가 있는 것 같다. 이런 단절은 주체, 정체성 같은 개념 자체 안에서 발생하는 심각한 철학적 동요와 관련이 있다. 어떤 의미에서 현대 문학사는 인물의 점진적인 붕괴의 역사와 혼동된다. 돈키호테에서부터 베케트의 작품에서 어둠 속에서 불쑥 솟아오르는 육신도 없고 나이도 없는 이 목소리에 이르기까지.

게다가 이런 붕괴는 일종의 돌연변이로서 전혀 새로운 정체성의 형태들을 탄생시켰고, 문학은 그것의 출현을 도왔다. 그렇다고 인물이 사라진 것도 아니다. 목소리가 양분될 때부터, 하나의 언표가 내레이터에 의해 그의 부담이 되지 않고 그 대신 다른 출처에서 나온 것으로 여겨질 때부터 하나의 존재, 그것을 운반하는 사람의 형상, 즉 '인물'이 그려진다. 그것은 나탈리 사로트의 책에서도 마찬가지이다.

플로베르가 산문에 관해 말한 것처럼 근대적인 인물은 아직도 생각해 낼 것이 많다. 인물, 목소리들의 이런 회절의 원천에 대한 끝없는 탐색은 한마디의 모호한 명령, 어떤 절대 명령에 의해 거세되었다. 그것은 인물의 개념이 반동적·전통주의적·발자크적 관념이라는 것이다. 인물은 이름·나이·기능·육체·주소——게다가 길을 추구하는 것을 아무도 방해하지 못한다——를 가진 '누구'였지만 미래의 인물은 전혀 다른 것이다.

그리고 이미 이런 의미 안에서 작업하는 작가들이 존재하고, 그것은 그들이 세상에 존재하는 방식이며, 그들은 이 희미한 대화를 듣게 만들고, 그들과 다른 것, 인물들, 세력들, 존재들, 상황들에 대해 말하게 만든다.

그렇기 때문에 인물에게는 무한한 미래가 있고, 소설이라는 개념 자체는 전적으로 개방돼 있는 것이다.

▎ 당신은 그 말을 당신이 읽은 최근 도서로 설명해 줄 수 있는가?

이것은 중국 소설로 매우 포크너적이게도 '파파파'와 '망할 놈의 엄마'라는 말밖에 할 줄 모르는 한 '바보'가 중심 인물이다. 고전적 상황은 조금씩 낯선 변모를 겪는다. 갑자기 출처를 알 수 없는 목소리들이 등장한다. 그것은 말하는 시체인가, 신화인가, 노인인가, 어머니인가, 아니면 이 모든 목소리가 만나는 곳인 바보인가? 한샤오공(韓少功)의 너무나 아름다운 이 이야기는, 아마도 중심 인물은 지워지지만 목소리들은 남아서 이

제 인물들에게는 할당할 수 없지만 여러 가지 힘들에게는 할당할 수 있다는 것을 보여 주는 듯하다.

또 다른 중국 소설 《영혼의 산》(가오싱 젠)에서도, 또는 지구 저쪽에서 에드거 힐센라스가 쓴 소설 《지나간 생각의 콩트》에서도 이와 유사한 뭔가가 발생한다. 후자는 아르메니아인들의 민족 말살의 기억을 담은 놀라운 서사시적 구축물이다. "옛날에 어떤 지나간 생각이 있었다. 그것은 시대의 모든 방향으로, 과거로도 미래로도 날아갈 수 있었다. 왜냐하면 그것은 끝이 없었기 때문이다……. 그래서 그것은 어떤 거리낌도 없이 작가에게 물었다. '메다, 너는 어디 있니? —— 난 네 곁에 있어, 작가가 말했다. —— 하지만 나는 육신이 없어. —— 괜찮아. —— 너는 어디 사니? —— 난 네 안에 살아.'"

거기에는 어떤 거대한 행로의 시작이 있다. 이것은 어쩌면 체험 소설의 형태를 취할지 모르고, 어쩌면 실패가 있을지도 모르지만 그게 뭐 대수랴? 발언의 작성, 그러니까 내레이션 자체가 도둑잡기 게임에서처럼 진행되고 있어서 항구 불변의 정체성을 지정할 수 없다. 우리는 가장 자극적인 현대적 체험, 대도시에서의 체험에 가장 가까이 있어서 그곳에서 우리는 목소리들의 **페이딩**〔일시적 사라짐〕 속에서 길을 잃는다. 아케이드, 버스 여행, 카페 테라스들, 큰 역에서 길을 잃고 헤매는 걸음들……. 나는 귀 기울인다, 내 귀에 들린다, 나는 순간적인 정체성들을 찾아낸다, 나는 내 옆에서 "메간은 우리 시어머니의 일곱번째 손녀예요"라고 말하는 어떤 목소리의 어조, 억양에 숨은 세상들을 느낀다, 나는 변두리, 방 세 개짜리 집들을 본다, 크지만 가난하고 눈에 안 띄고 보이지 않는 운명들을…….

▍당신이 민족 말살이란 말을 입 밖에 낸 이상 아우슈비츠에 대한 지식인들의 오랜 침묵을 당신과 함께 언급하지 않을 수 없다. 전쟁 초기에 태어나 그 망각의 부분을 통과한 당신은 수용소 문학을 어떻게 발견했나? 그것이 작가로서의 삶에서 무엇을 바꿔 놓았나?

나는 그것을 억압하는 세상에서 유년기와 청소년기를 보냈다. 청소년 시절 그 주제에 관하여 내가 읽은 최초의 책들은 크리스틴 아르노티의 《나는 열다섯 살이고, 죽고 싶지 않아요》와 《안네 프랑크의 일기》이다. 그 다음엔 《최후의 의인》이다. 나중에 로버트 안텔름, 다비드 루세, 마지막으로 프리모 레비의 책을 읽었다.

내 세대의 많은 프랑스인들처럼 나는 제2차 세계대전의 의미를 아주 뒤늦게야 이해했다. 내가 태어난 남프랑스의 시골에서는 제1차 세계대전 때처럼 '독일군'을 입에 올렸다. 1953년에 돌아가신 나의 증조모는 심지어 '프러시아군'까지 입에 올렸다. 그녀는 1870년 여섯 살 때 루아르 지방에서 후퇴하는 샹지 군대를 보았던 것이다. 얼마 지나지 않은 이 모든 과거가 우리를 짓눌렀고, 나의 친할아버지는 베르댕에 두 차례나 갔다가 돌아왔는데 한번도 나치란 말을 한 적이 없었다. 다시 말해 제2차 세계대전의 본질과 나치 독일군의 진실이 완전히 결여된 것이다. 그것들은 내게 점진적으로 다가왔다. 앙제의 고등학교 교실에서

문학을 사상으로 복권시키기 131

나는 당시의 여자 교장 선생님과 나의 선생님들 중 한 분이 수용소 생활을 했다는 것, 유대인 소녀들을 숨겨 준 이유로 학교의 다른 선생님들로부터 고발당한 교장 선생님은 그곳에서 돌아가셨다는 것을 알았다. 갑자기 마르고 조용하며 엄격한 우리 미술 선생님에게 어떤 분위기, 희생의 분위기가 감돌았다. 하지만 그때까지도 나는 반유대인주의의 진실을 잘 몰랐다. 조금 뒤 그리스어 선생님이 우리에게 체포당할 위기에 처한 유대인 친구 대신 나섰다가 영영 돌아오지 않은 한 소녀의 이야기를 들려 주었다. 그때 나는 고등학교 2학년이었다. 교실의 침묵이 기억난다. 창문을 통해 자기 자신을 믿고 흔들리지 않는 시골 마을 플랑트 공원의 큰 나무들의 꼭대기 부분이 보였다. 사람들은 '화장 가마'에 대해 말했지만 나는 죽음의 수용소에 관해 아무것도 몰랐다.

■ 다른 기억은 없나?

훗날, 아주 먼 훗날 나는 한 남자가 기억났고 그를 다시 본 적이 있는데, 그는 50년대초 나의 어머니의 학교를 방문하기 위해 정기적으로 마을에 오던 학교의 의사 선생님이었다. 그는 마르고 허리가 굽어 있었으며 긴 검정 코트를 입고 있었고 흰 수염이 나 있었다. 그는 우리를 웃게 만드는 억양으로 말했는데 v를 f로, i를 u로 발음했다. 모든 사람들이 그의 이름이 발음하기 불가능하다고 말했지만 나는 거기에 호의가 담겨 있었다고 말할 수 있다. 그와 동시에 전쟁에서 '식량 배급,' 사람들이 수용소에 갇히고 44년 루아르 강의 다리들이 폭파된 것만을 경험한 보호받은 사람들은 얼마나 무지하고 얼마나 깨끗한 양심을 갖고 있었던가! 그 남자를 생각할 때 나는 그가 어떤 지옥에서 왔는가가 궁금하다. 그가 어떤 일을 겪었을까? 그는 누구를 잃었을까? 한 여인을 잃었을까, 아이들을 잃었을까? 온 지 오래된 이민자로 보기엔 그의 억양이 너무 강했다. 나는 그를 **알아차리지** 못한 것이 부끄러웠지만 당시 내 나이 여덟 살, 열 살밖에 안 됐고…… 아무도 내게 말해 주지 않았다.

우리를 휘감고 숨막히게 하는 파도처럼 아주 격렬한 전복의 형태로 **그것**이 내게까지 오게 하고 나를 숨 못 쉬고 말 못하게 한 최초의 책은 1965년인가 66년에 읽은 장 프랑수아 스테네르의 책이었다. 그것은 트레블링카(나치 독일의 주요 유대인 집단학살수용소)에 관한 책으로서 시몬 드 보부아르가 서문을 썼다. 그제야 비로소 나는 수용소, 가스실, 화장 가마, 최후의 해결책을 보았고 알았다. 아직도 기억난다. 나는 읽기를 멈추었다. 혼자였고 밤이었다. 나는 간담이 서늘했다…….

프리모 레비의 책을 읽었을 때는 또 달랐다. 스테네르가 나를 어둠·암흑·죽음 속으로 밀어넣었다면 그는 내게 빛을 돌려 주었다. 프리모 레비의 《만약 그가 사람이라면》에 있는 빛은 그가 수용소 동료인 '피콜로 장'을 위해 단테를 설명하는 감탄스러운 장면에서 폭발하는 양심의 불꽃을 말한다. 나는 그 장을 몇 년이 지난 뒤 이 책을 다시 출판했을 때 만났다. 그는 약사를 하다가 은퇴하여 스트라스부르에서 살고 있었다. 내가 이 책에 관해 평론을 쓴 다음날 그가 내게 전화를 했다……. 그는 간단히 이렇게 말했다. "나요, 장." 프리모 레비는 그 몇 주 전에 자살을 했다.

프리모 레비의 너무 어둡고 너무 냉혹한 작품 속을 지배하는 이 빛은 전달하고 깨닫게 하고 싶은 욕망이다. 물론 거기에 지나간 제도나 설명에 도달하려는 의도는 없다. 그는 자신의 발언이 공포, 어둠, 최후를 모면한 생존자의 발언이라는 것을 끊임없이 상기시킨다. 빛을 던지려는 이 의도 안에 외설스러운 짓은 전혀 없다. 그리고 나는 '여기선 이유가 없다' 라는 나치 친위대원의 비인간적인 표현을 우리의 것으로 다시 취할 까닭은 없다고 본다. 프리모 레비가 지치지도 않고 책마다 몰두한——묘사하고 진술하며 설명하고 입증한——것은 인간에게서 인간성의 불꽃을 꺼뜨리고 결국은 그것을 파괴하려는 나치의 의지에 대한 하나의 대답이다.

거기에 대답하는 것, 그것은 말하고 해독하려고 노력하는 것이며 이름, 얼굴, 탕진된 행동들을 망각으로부터 벗어나게 하려는 것이지만 또한 난폭하고 끝없는 반전에 의해 계획된 정신착란에서 탈출해서 광기·죽음·망각·거짓말·비열함·기만에 맞서 이성과 진실의 권리를 회복하는 것이기도 하다.

프리모 레비는 빛으로 형성된 빛의 인간이다. 이것은 그의 모든 책에서 느껴진다.

▌ 당신이 모든 소설에서 추구하는 것, 그리고 당신으로 하여금 《강간》 같은 책을 쓰도록 부추기는 것이 그 인간성의 불꽃인가······.

나로 하여금 글을 쓰게 만드는 것은 역사의 지옥들이 아니라 휴대가 가능할 정도로 작은 이 모든 지옥들, 일상의 이 작은 지옥들이다. 절대 악이라는 거대한 무엇이 아니라 숨막힘, 아도르노의 책 제목처럼 '팔다리를 잘린 삶,' 방해받는 삶이다. 나도 예상하지 못한 일이지만 고집스럽게도 나는 다시 그 문제로 돌아온다. 그리고 내가 책마다 다른 사람들의 다른 체계가 필요한 것도 그래서이다. 그래서 《어느 추운 봄》은 중편 소설로 쓰고, 《강간》은 대화로 쓴 것이다.

여성 등장 인물이 많다는 것도 있다. 그것은 내가 여성들이 특별하고 특수한 방해, 운명의 유폐, 모든 형태의 구속과 족쇄가 채워진 생명력을 안다고 생각하기 때문이다. 방해받는 이런 힘, 이런 에너지가 나의 흥미를 끈다.

▎ 당신은 왜 방해받는 인생이라는 그런 생각에 그렇게 집착하는가? 존재할 수 없는 것을 구하고 싶은 참을 수 없는 연민 같은 것이 있지 않은가?

아도르노 이후 명백하게 표명하게 된 것인데, 나는 정치적이면서 형이상학적인 뭔가를 이런 식으로 표명한다. 정치적인 생각이란 대부분의 인생이 그들의 실현 조건을 발견하지 못한다는 것이다. 이런 실현이 해방 명령에서만 나오는 것이 아니고, 자유의 요구와 대접 능력을 양립시키려면 여전히 약간의 그림자, 아직 개방해야 할 뭔가가 있다는 생각을 형이상학적 생각이라고 부르자. 그것은 여러 가지 생각들간의 유대를 형성하는 이성, 말이 없고 움직이지 않는 것들, 식물의 삶, 동물의 삶, 돌의 삶과 유대를 형성하는 이해를 양립시키기 위해서도 필요하다.

현대를 사는 우리의 운명은 이제 낭만적인 《배회자》처럼 나무와 들판 사이에서 '자연'을 포옹하는 것은 분명 아니다. 그것은 곧 대도시, '빛의 도시'에서의 삶 덕에 경험의 확장을 체험하는 것도 아닐 것이다. 이제 우리는 모두 중심은 폭발하고 변두리는 가장 가난한 사람들에게 점령되며 임시 주거지, 인터체인지, 기억, 동상들, 건물들이 있는 오래된 장소들처럼 구역들도 불확실한 메갈로폴리스(여러 개의 위성도시를 포함하는 집합도시)에서 살게 될 것이다. 하지만 지나치게 큰 이 신도시들 안에서 당신이 말한 것처럼 지켜질 수 있는 것, 즉 토막나고 분열된 약간의 의미는 보전돼야 할 것이다. 단순히 생존에 매달리는 것을 뛰어넘어 자신의 운명을 짊어지기 위해 모인 약간의 의미 말이다.

당신의 말을 들으면서 나를 진실 쪽으로 끌어당기는 것은 문학에 대한 당신의 감탄스러운 신앙이다. 우리의 등장 인물들이 더 오래 살면 살수록 그들은 점점 더 우리의 말을 듣지 않는다고 모리악은 말했다. 이 표현을 완성할 필요, 그리고 나보코프의 말처럼 하나의 소설이 얼마나 독자의 복종·연민을 요구하는가를 말할 필요가 있을 것이다. 그리고 그것은 인물에 대한 우리의 믿음 및 신념과는 다르다. 그리고 이 신념이 오래 갈지는 아무도 모른다. 피란델로는 "운 좋게 인물을 탄생시켜 본 적이 있는 사람은 죽음을 우습게 여길 수 있다"라고 생각했다. 우리는 소설의 독자에 대해서도 같은 말을 할 수 있을 것이다. 그는 자신이 읽은 것을 믿음으로써 죽음을 우습게 여긴다. 당신은 이 믿음을 중단시킬 수 있다고 생각하나?

몇 년 전 《희극의 환상》에 관한 어떤 평론에서 옥타브 만노니는 우리가 읽는 것에 대한 '믿음'을 **베르네눙**(부인)과 비교하면서 그에 대한 최고의 정의를 내렸다. 그것은 '나도 잘 알고 있지만 그래도……' 라는 것이다. 보바리 부인이나 그레고르 잠자가 존재하지 않는다는 것, 한 인간이 아무리 '불안한 꿈'을 꾸고 난 뒤에라도 '기괴한 바퀴벌레'가 될 수는 없다는 것을 '나도 잘 알고 있'지만 '그래도' 나는 그렇게 한다. 이것은 무대에서 내가 색칠한 막도 물론 보지만 글랑모르의 광야도 보는 것처럼 환상의 영역이다. 나는 불완전하게만 동의한다. 나는 경계를 늦추지 않는다. 나는 환각에 빠지지 않고 즐긴다. 이렇듯 이성의 자발적인 반수면 상태가 그 기능을 약화시키지는 않는다. 오히려 우리는 그것이 그 기능을 현저하게 증대시킨다고 말할 수 있는데, 왜냐하면 그것이 우리의 생명 유지에 필요한 각성 상태를 일시적으로 유예시키기 때문이다.

그렇다, 어떤 의미에서 우리는 죽음을 비웃는다. 왜냐하면 죽음은 최후의 결정적인 발언을 하지 못하기 때문이다. 게다가 우리가 근친의 죽음이라는 경험과 대면할 때, 그리고 소설의 내레이터처럼 그것을 장엄한 슬픔으로 만들어 줄 사람이 아무도 없을 때 문학은 거기서 한계에 부딪친다. 가장 위대한 책들이 이런 제동 장치가 따라붙어도 아무 말 못하고, 이런 침묵이 들리게 만드는 이유도 거기에 있다. "[…] 비참하게. 마치 치욕이 살아남은 것이 그의 덕인 듯했다."(카프카) 또는 렌츠에서 살 때의 뷔히너처럼······.

▌카프카는 말했다. "내가 쓴 것 중에서 가장 좋은 것은 만족한 채로 죽을 수 있는 나의 이런 소질을 바탕으로 하고 있다." 만족스럽게 죽는 것, 당신이 글을 쓸 때는 그것이 당신에게도 하나의 소질인가?

우리가 '만족한 채로 죽을' 수가 있기나 한 걸까? 절망해서 죽지 않는 것이 고작 아닐까?

▌《문학의 공간》의 감탄스러운 장들에서 블랑쇼는 독서에 관한 가볍고 순진한 긍정에 관해 말하고 있다. 그리고 덧붙이기를 "독서 행위를 가장 위협하는 것은 독자의 현실, 그의 개성, 그의 불손한 언동, 일반적 견지에서 읽을 줄 아는 사람이 되고자 하는 열정이다." 이 세기말에 문학을 가장 위협하는 것 역시 그것이 아닌가?

틀림없이 그렇다. 독자의 불손한 언동, 독자가 그에 대해 전적으로 책임이 있는 건 아니지만 그것은 현대성이 낳고 지금도 매일같이 격려하고 있는 새로운 자의식의 핵심에 있는 것이기도 하다. 나는 기독교의 쇠퇴, 다양한 형태의 고행이나 너무나 자주 행해지는 신자의 의심스러운 겸손을 유감스럽게 여기지는 않는다. 나는 다른 것을 생각하고 있다. 의연한 정신, 가난한 사람들의 용기, 고통과 죽음 앞에서의 건방진 침묵. 우리는 우리 자신에 대해 이토록 만족하고 있다! 누구와도 대치될 수 없는 존재라는 것을 너무나도 확신하고 있다! 그리고 운명의 장난 앞에서 너무나 빨리 무너진다.

지오노가 '튼튼한 영혼들'이라고 부른 사람들에게 돌아가려면 다른 곳으로 가야 한다, 우리의 낡은 참호를 떠나 필요성에 의해 제거되지 않은 사람들을 만들어 내는 곳으로 가야 한다.

질문들에 너무나 솔직하게 대답해 준 것에 감사한다.

참고 문헌

ADORNO, Theodor, 《미니마 모랄리아[최소한의 도덕], 훼손된 삶에 관한 반성 *Minima moralia. Réflexions*》, 페요출판사, 파리, 1983년.

ALAIN, 《교육론 *Prop sur l'éducation*》, 재판, PUF출판사, 〈콰드리지〉 총서, 파리, 1990년.

ARENDT, Hannah, 《문화의 위기 *La Crise de la culture*》, 재판, 갈리마르출판사, 〈폴리오 에세〉 총서, 파리, 1989년.

ARISTOTE, 《시학 *La Poétique*》, 르쇠이유출판사, 파리, 1980년.

ARISTOTE, 《천재와 우울증 *L'Homme de génie et la Mélancolie*》, 리바주출판사, 파리, 1991년.

BLOOM, Allan, 《우정 *L'Amitié*》, 드팔루아출판사, 파리, 1996년.

CHANET, Jean-François, 《공화국의 학교와 조국들 *L'École républicaine et les petites partries*》, 오비에출판사, 파리, 1996년.

CONDORCET, 《공교육에 관한 다섯 개의 회상록 *Cinq mémoires sur l'instruction publique*》, 플라마리옹출판사, 〈GF〉 총서, 파리, 1994년.

DELEUZE, Gilles과 GUATTARI, Félix, 《카프카, 작은 문학을 위하여 *Kafka. Pour une littérature mineure*》, 미뉘출판사, 파리, 1975년.

FREUD, Sigmund, 《문명 속의 병 *Malaise dans la civilisation*》, 재판, PUF출판사, 파리, 1992년.

GOETHE, 《괴테와 에커만의 대화 *Conversations de Goethe avec Eckermann*》, 재판, 갈리마르출판사, 파리, 1988년.

JAEGER, Werner, 《파이데이아 *Paideia*》, 재판, 갈리마르, 〈텔〉 총서, 파리, 1988년.

LURÇAT, Liliane, 《사로잡힌 계절, 텔레비전에게 빼앗긴 어린 시절 *La Temps prisonnier. Des enfances volées par la télévision*》, 데스클레드브루에출판사, 파리, 1988년.

MANNONI, Octave, 《상상력의 열쇠 혹은 다른 장면 *Clefs pour l'imaginaire ou l'Autre scène*》, 르쇠이유출판사, 〈푸앵 에세〉 총서, 파리, 1985년.

MUSIL, Robert, 《신문들 *Journaux*》, 르쇠이유출판사, 파리, 1981년.

NABOKOV, Vladimir, 《문학 I, II, III *Littératures I, II, III*》, 파야르출판사, 파리, 1983년-1986년.

PATOCKA, Jan, 《작가, 그의 목표 *L'Écrivain, son objet*》, POL출판사, 파리, 1990년. 포켓판 재판, 〈아고라〉 총서, 파리, 1992년. 〈코메니우스와 열린 마음〉〈작가, 그의 목표〉 등의 평론을 모은 것.

RANCIÈRE, Jacques, 《프롤레타리아의 밤 *La Nuit des prolétaires*》, 파야르출판사, 파리, 1981년. 재판, 아셰트플뤼리엘출판사, 파리, 1997년.

RANCIÈRE, Jacques, 《역사의 이름, 지식의 시학론 *Les Noms de l'histoire. Essai de poétique du savoir*》, 르쇠이유출판사, 파리, 1992년.

RICŒUR, Paul, 《시간과 이야기 *Temps et Récit*》, 르쇠이유출판사, 파리, 1983년. 재판, 르 쇠이유, 〈푸앵 에세〉 총서, 파리, 1991년.

SALLENAVE, Danièle, 《동쪽으로 가는 길 *Passages de l'Est*》, 갈리마르출판사, 파리, 1991년.

SALLENAVE, Danièle, 《죽은 이들의 선물 *Le Don des morts*》, 갈리마르출판사, 파리, 1992년.

SALLENAVE, Danièle, 《죽은 이들의 편지 *Lettres mortes*》, 미칼론출판사, 파리, 1995년.

SARTRE, Jean-Paul, 《문학은 무엇인가? *Qu'est-ce que la littérature?*》, 1947년. 재판, 갈리마르출판사, 〈폴리오 에세〉 총서, 파리, 1985년.

SERRES, Michel, 〈거리와 가까움〉, 《학교와 그 교사들. 나탕에서의 일곱 번째 대담의 막 *L'École et ses maîtres: actes des VII*^{e} *Entretiens Nathan*》 중 11월 30일부터 1996년 1월, 나탕출판사, 파리, 1997년.

STAROBINSKI, Jean, 《거울에 비친 우울, 보들레르를 읽는 세 가지 방법 *La Mélancolie au miroir. Trois lectures de Baudelaire*》, 쥐야르출판사, 파리, 1989년.

STEINER, Georges, (특히)《벌받지 않은 열정 *Passions impunies*》, 갈리마르출판사, 파리, 1997년.

VARGAS LLOSA, Mario, 《영원한 주신제, 플로베르와 마담 보바리 *L'Orgie perpétuelle. Flaubert et Madame Bovary*》, 갈리마르출판사, 파리, 1978년.

색 인

《W 혹은 유년의 추억
  W ou le souvenir d'enfance》 116
《감정 교육
  L'Éducation sentimentale》 101
《강간 *Viol*》 10,118,134,135
게랭 Guérin, R. 116
게이츠 Gates, W. H. 94
고다르 Godard, J. -L. 90
《고리오 영감 *Le Père Goriot*》 93
곰브로비치 Gombrowicz, W. 97
《공화국 학교와 조국들
  L'École républicaine et les petites patries》 41
괴테 Goethe, J. W. von 44,85,108,109
《교육론 *Propos sur l'éducation*》 21
구다이예르 Goudaillier, J. -P. 39
그로스만 Grossman, V. 101
《길의 노래 *Pather Panchali*》 66
《끝없는 대향연 *L'Orgie perpétuelle*》 103
《나는 열다섯 살이고, 죽고 싶지 않아요 *J'ai quinze ans et je ne veux pas mourir*》 131
나도 Nadeau, M. 109
나보코프 Nabokov, V. V. 84,101,136
나폴레옹 3세 Napoléon III 114
누리시에 Nourissier, F. 115
다나 Dana, R. H. 115

《다이 하드 *Die Hard*》 91
단테 Dante, A. 133
《대화 *Conversations*》 85
데리다 Derrida, J. 94
《독서 *On reading*》 82
《동유럽의 행로 *Passages de l'Est*》 13
뒤샹 Duchamp, M. 121
들라크루아 Delacroix, F. -V. -E. 119
들레 Delay, F. 116,123
들롱 Delon, A. 63
들뢰즈 Deleuze, G. 44,119
《등대로 *To the Lighthouse*》 84
디드로 Diderot, D. 65,96
디아만트 Diamant, D. 44
《라모의 조카 *Le Neveu de Rameau*》 121,122
라블레 Rabelais, F. 65
락스네스 Laxness, H. G. K. 113
랑스 Lance, A. 112
랑시에르 Rancière, J. 71,106
랭보 Rimbaud, J. -N. -A. 122
런던 London, J. 55,56
레다 Réda 116
《레드번 *Redburn*》 87
《레 미제라블 *Les Misérables*》 65
레비 Lévy, P. 93,94
《레옹 모랭 신부 *Léon Morin prêtre*》 116

레이 Ray, S. 66
레프롱 Lépront, C. 116
로이 Roy, C. 113,127
로자 Llosa, V. 103
로카르 Rocard, M. L. L. 52
로트레아몽 Lautréamont 127
롤랭 Rollin, J. 116
롤랭 Rollin, O. 116
루보 Roubaud, J. 116,123
루세 Rousset, D. 131
루이 필리프 Louis-Philippe 114
르누아르 Renior, J. 63
《르 몽드 Le Monde》 28,95
《르 몽드 드 레뒤카시옹 Le Monde de l'éducation》 28
《르 몽드 디플로마티크 Le Monde diplomatique》 95
르베르지 Reverzy, P. 116
리카르두 Ricardou, J. 115,121
리쾨르 Ricœur, P. 14,105
마도 Mado 118
마틀라르 Mattelart, A. 95
마티스 Matisse, H. -É. -B. 124
《마틴 이든 Martin Eden》 55
만 Mann, T. 23
만노니 Mannoni, O. 137
만델스탐 Mandelstam, O. E. 95
《만약 그가 사람이라면 Si c'est un homme》 133
말로 Marlaux, A. -G. 101
맨스필드 Mansfiled, C. 125
머독 Murdoch, D. J. I. 86
멜빌 Melville, H. 86,87
모리악 Mauriac, F. 8,128,136

《모스크바의 사가 Une saga moscovite》 115
《목격한 것들 Choses vues》 89
몰리에르 Molière 73
《무죄가 입증된 죄인의 고백 La Confession du pécheur justifié》 109
《문학의 공간 L'Espace littéraire》 138
《물고기 전갈 Le Poisson-scorpion》 117
뮈질 Musil 8,82,107
미셸 Michel, N. 123
《미친 노인의 일기 Journal d'un vieux fou》 122
미테랑 Mitterrand, F. -M. -M. 46
바그너 Wagner, W. R. 23
바르트 Barthes, R. 59,127
바리 Bary, N. 112
발레리 Valéry, P. 78,117
발자크 Balzac, H. de 9,65,93,114, 125,128,129
《밤의 끝으로의 여행 Voyage au bout de la nuit》 65,87
방톨리아 Bentolila 47
《배회자 Wanderer》 136
《버추얼이란 무엇인가? Qu'est-ce que le virtuel?》 93
《벌받지 않은 열정들 Passions impunies》 89
베르그손 Bergsson, G. 113
베르나노스 Bernanos, G. 116
베이컨 Bacon, F. 119
베케트 Beckett, S. B. 128

베크 Beck, B. 115
《벽 Le Mur》 65
보들레르 Baudelaire, C. -P. 23,79, 119,127
《보바리 부인 Madame Bovary》 108
보부아르 Beauvoir, S. L. -E. -M. B. de 113,133
볼통 Wolton, D. 69
봉 Bon, J. de 91
부르디외 Bourdieu, P. 55
부바르 Bouvard, P. 63
부비에 Bouvier, N. 117
《불안의 광장 Place des Angoisses》 116
뷔히너 Büchner, G. 138
브레히트 Brecht, B. 19,79
블랑쇼 Blanchot 138
블룸 Bloom, A. 84
사로트 Sarraute, N. 128
사르트르 Sartre, J. -P. 7,9,80,107, 108,113
샤네 Chanet, J. -F. 41
《성스러운 주일 La Semaine sainte》 116
세르 Serres, M. 60,61
세르반테스 Cervantes Saavedra, M. de 111
《세상의 용도 L'Usage du monde》 117
셀린 Céline, L. -F. 65,87,116
셰익스피어 Shakespeare, W. 113
《소설가와 작중 인물들 Le Romancier et ses personnages》 128

솔레르스 Sollers 8,122
스탈린 Stalin, J. 95
스테네르 Steiner, G. 84,89,96
스테네르 Steiner, J. -F. 133
《스피드 Speed》 91
시몽 Simon, C. -E. -H. 101,102
시오랑 Cioran 117
《신문학 Lettres nouvelles》 109
싱어 Singer, I. B. 86
아도르노 Adorno, T. W. 135
아라공 Aragon, L. 116
아렌트 Arendt, H. 7,8,10,14,20
아르노티 Arnothy, C. 131
아리스토텔레스 Aristoteles 10,15,18, 19,79,122
아제즈 Hagèse, C. 39,46
아탈리 Attali, J. 96
《아파라지토 Aparajito》 66
《아푸의 세계 Apu Sansar》 66
악쇼노프 Aksyonov, V. P. 115
《안나 카레니나 Anna Karenina》 127
《안네 프랑크의 일기 Le Journal d'Anne Franck》 131
안텔름 Antelme, R. 131
알레그르 Allègre, C. 62
알튀세 Althusser, L. 57
《앞 갑판 위에서 보낸 2년 Deux années sur le gaillard d'avant》 115
앨런 Alain, W. 84,97
《어느 추운 봄 Un printemps froid》 124,135
에르노 Ernaux 116,124

에메리 Hémery, J. -C. 112
에커만 Eckermann, J. P. 85
엥주레 Ungerer, T. 82
《역사의 이름들
  Les Nom de l'histoire》 106
《영혼의 산 La Montagne de l'âme》
  130
예게르 Jaeger, W. 18
《오렐리앙 Aurélien》 116
오웰 Orwell, G. 72,83
올그런 Algren, N. 122
올데르 Holder, É. 123
《우주 Kosmos》 98
울프 Woolf, A. V. 84
울프 Woolf, T. 86,87
웰스 Welles, G. O. 90
위고 Hugo, V. -M. 8,89,112
《인간 조건 La Condition humaine》
  101
《인생과 운명 Vie et Destin》 101
《인생, 그 용법
  La vie, mode d'emploi》 116
《일기 Journal》 119
《잃어버린 시간을 찾아서
  À la recherche du temps perdu》
  78,102
《자유에의 길 Les Chemins de la
  liberté》 102,116
《작가, 그의 목표 L'Écrivain, son
  objet》 102
《전쟁과 평화 Voyna i mir》 33,97,
  101
졸라 Zola, É, -É, -C. -A. 114,128
《죽은 문학 Lettres mortes》 10,13,39

《죽은 이들의 선물
  Le Don des mortes》 13,114
《지나간 생각의 콩트 Le Conte de la
  pensée dernière》 130
《지독한 3분 Les Trois Minutes》
  124
지드 Gide, A. -P. -G. 7,8,79,109,
  111
지오노 Giono, J. 139
《천사여 고향을 보라
  Look Homeward, Angel》 87
《천재와 우울증 L'Homme de génie
  et la Mélancolie》 122
체호프 Chekhov, A. P. 125
《최후의 의인 Le Dernier des justes》
  131
카뮈 Camus, A. 106
카뮈 Camus, R. 116
카스토리아디스 Castoriadis 70
카프카 Kafka, F. 44,128,138
칼레 Calet, H. 116
케르테스 Kertész, A. 83
코페르니쿠스 Copernicus, N. 93
콩도르세 Condorcet, M. -J. -A.
  -N. de C. 15,34
쿤데라 Kundera, M. 9,103,107
퀴비에 Cuvier, G. 118
클라이스트 Kleist, B. H. W. von
  44
타니자키 Tanizaki 122
토미코 Tomiko, A. 113
톨스토이 Tolstoy, L. N., G. 33,127
트라사르 Trassard 116
티보데 Thibaudet, A. 101

《파멸의 원칙 Le Principe de ruine》 124
파스테르나크 Pasternak, B. L. 113
《파이데이아 Paideia》 18
파토카 Patocka, J. 81,102,104
페렉 Perec, G. 116
포르 Faure, E. -J. 29
포크너 Faulkner, W. C. 127,129
푸생 Poussin, N. 96
푸캉베르 Foucambert 49
프로이트 Freud, S. 29
프루스트 Proust, M. 65,119
플라톤 Platon 77
플로베르 Flaubert, G. 98,114,123, 124,129
피란델로 Pirandello, L. 136
피카소 Picasso, P. R. y 96,126
픽소 Fixot, B. 96,97
《한스카 부인에게 보내는 편지 Lettres à Mme Hanska》 114
헉슬리 Huxley, A. L. 72
《현대 Les Temps Modernes》 9,107
화이트 White, P. 86,111
훅 Hoog, J. 109
흐라발 Hrabal 122
《희극의 환상 L'Illusion comique》 137
힐센라스 Hilsenrath, E. 130

김교신
서강대학교 불문과 졸업
역서: 《어른이 되기는 너무 힘들어》 《닥터 미셸》
《르 코르뷔지에》 《레오나르도 다 빈치》
《라틴 문학의 이해》 《노동의 종말에 반하여》
《경제, 거대한 사탄인가?》 등

현대신서 132

문학은 무슨 소용이 있는가?

초판발행 : 2003년 2월 20일

지은이 : 다니엘 살나브
옮긴이 : 김교신
총편집 : 韓仁淑
펴낸곳 : 東文選

제10-64호, 78. 12. 16 등록
110-300 서울 종로구 관훈동 74
전화 : 737-2795

편집설계 : 李姃旻 李惠允

ISBN 89-8038-277-4 94800
ISBN 89-8038-050-X (현대신서)

【東文選 現代新書】

1. 21세기를 위한 새로운 엘리트　　FORESEEN 연구소 / 김경현　　7,000원
2. 의지, 의무, 자유 — 주제별 논술　L. 밀러 / 이대희　　6,000원
3. 사유의 패배　　A. 핑켈크로트 / 주태환　　7,000원
4. 문학이론　　J. 컬러 / 이은경·임옥희　　7,000원
5. 불교란 무엇인가　　D. 키언 / 고길환　　6,000원
6. 유대교란 무엇인가　　N. 솔로몬 / 최창모　　6,000원
7. 20세기 프랑스철학　　E. 매슈 / 김종갑　　8,000원
8. 강의에 대한 강의　　P. 부르디외 / 현택수　　6,000원
9. 텔레비전에 대하여　　P. 부르디외 / 현택수　　7,000원
10. 고고학이란 무엇인가　　P. 반 / 박범수　　근간
11. 우리는 무엇을 아는가　　T. 나겔 / 오영미　　5,000원
12. 에쁘롱 — 니체의 문체들　　J. 데리다 / 김다은　　7,000원
13. 히스테리 사례분석　　S. 프로이트 / 태혜숙　　7,000원
14. 사랑의 지혜　　A. 핑켈크로트 / 권유현　　6,000원
15. 일반미학　　R. 카이유와 / 이경자　　6,000원
16. 본다는 것의 의미　　J. 버거 / 박범수　　10,000원
17. 일본영화사　　M. 테시에 / 최은미　　7,000원
18. 청소년을 위한 철학교실　　A. 자카르 / 장혜영　　7,000원
19. 미술사학 입문　　M. 포인턴 / 박범수　　8,000원
20. 클래식　　M. 비어드·J. 헨더슨 / 박범수　　6,000원
21. 정치란 무엇인가　　K. 미노그 / 이정철　　6,000원
22. 이미지의 폭력　　O. 몽젱 / 이은민　　8,000원
23. 청소년을 위한 경제학교실　　J. C. 드루엥 / 조은미　　6,000원
24. 순진함의 유혹 〔메디시스賞 수상작〕　P. 브뤼크네르 / 김웅권　　9,000원
25. 청소년을 위한 이야기 경제학　　A. 푸르상 / 이은민　　8,000원
26. 부르디외 사회학 입문　　P. 보네위츠 / 문경자　　7,000원
27. 돈은 하늘에서 떨어지지 않는다　K. 아른트 / 유영미　　6,000원
28. 상상력의 세계사　　R. 보이아 / 김웅권　　9,000원
29. 지식을 교환하는 새로운 기술　A. 벵토릴라 外 / 김혜경　　6,000원
30. 니체 읽기　　R. 비어즈워스 / 김웅권　　6,000원
31. 노동, 교환, 기술 — 주제별 논술　B. 데코사 / 신은영　　6,000원
32. 미국만들기　　R. 로티 / 임옥희　　근간
33. 연극의 이해　　A. 쿠프리 / 장혜영　　8,000원
34. 라틴문학의 이해　　J. 가야르 / 김교신　　8,000원
35. 여성적 가치의 선택　　FORESEEN연구소 / 문신원　　7,000원
36. 동양과 서양 사이　　L. 이리가라이 / 이은민　　7,000원
37. 영화와 문학　　R. 리처드슨 / 이형식　　8,000원
38. 분류하기의 유혹 — 생각하기와 조직하기　G. 비뇨 / 임기대　　7,000원
39. 사실주의 문학의 이해　　G. 라루 / 조성애　　8,000원
40. 윤리학 — 악에 대한 의식에 관하여　A. 바디우 / 이종영　　7,000원
41. 흙과 재 〔소설〕　　A. 라히미 / 김주경　　6,000원

42 진보의 미래	D. 르쿠르 / 김영선	6,000원
43 중세에 살기	J. 르 고프 外 / 최애리	8,000원
44 쾌락의 횡포·상	J. C. 기유보 / 김웅권	10,000원
45 쾌락의 횡포·하	J. C. 기유보 / 김웅권	10,000원
46 운디네와 지식의 불	B. 데스파냐 / 김웅권	8,000원
47 이성의 한가운데에서 — 이성과 신앙	A. 퀴노 / 최은영	6,000원
48 도덕적 명령	FORESEEN 연구소 / 우강택	6,000원
49 망각의 형태	M. 오제 / 김수경	6,000원
50 느리게 산다는 것의 의미·1	P. 쌍소 / 김주경	7,000원
51 나만의 자유를 찾아서	C. 토마스 / 문신원	6,000원
52 음악적 삶의 의미	M. 존스 / 송인영	근간
53 나의 철학 유언	J. 기통 / 권유현	8,000원
54 타르튀프 / 서민귀족 〔희곡〕	몰리에르 / 덕성여대극예술비교연구회	8,000원
55 판타지 공장	A. 플라워즈 / 박범수	10,000원
56 홍수·상 〔완역판〕	J. M. G. 르 클레지오 / 신미경	8,000원
57 홍수·하 〔완역판〕	J. M. G. 르 클레지오 / 신미경	8,000원
58 일신교 — 성경과 철학자들	E. 오르티그 / 전광호	6,000원
59 프랑스 시의 이해	A. 바이양 / 김다은·이혜지	8,000원
60 종교철학	J. P. 힉 / 김희수	10,000원
61 고요함의 폭력	V. 포레스테 / 박은영	8,000원
62 고대 그리스의 시민	C. 모세 / 김덕희	7,000원
63 미학개론 — 예술철학입문	A. 셰퍼드 / 유호전	10,000원
64 논증 — 담화에서 사고까지	G. 비뇨 / 임기대	6,000원
65 역사 — 성찰된 시간	F. 도스 / 김미겸	7,000원
66 비교문학개요	F. 클로동·K. 아다-보트링 / 김정란	8,000원
67 남성지배	P. 부르디외 / 김용숙·주경미	9,000원
68 호모사피언스에서 인터렉티브인간으로	FORESEEN 연구소 / 공나리	8,000원
69 상투어 — 언어·담론·사회	R. 아모시·A. H. 피에로 / 조성애	9,000원
70 촛불의 미학	G. 바슐라르 / 이가림	근간
71 푸코 읽기	P. 빌루에 / 나길래	8,000원
72 문학논술	J. 파프·D. 로쉬 / 권종분	8,000원
73 한국전통예술개론	沈雨晟	10,000원
74 시학 — 문학 형식 일반론 입문	D. 퐁텐느 / 이용주	8,000원
75 진리의 길 위에서	A. 보다르 / 김승철·최정아	근간
76 동물성 — 인간의 위상에 관하여	D. 르스텔 / 김승철	6,000원
77 랑가쥬 이론 서설	L. 옐름슬레우 / 김용숙·김혜련	10,000원
78 잔혹성의 미학	F. 토넬리 / 박형섭	9,000원
79 문학 텍스트의 정신분석	M. J. 벨멩-노엘 / 심재중·최애영	9,000원
80 무관심의 절정	J. 보드리야르 / 이은민	8,000원
81 영원한 황홀	P. 브뤼크네르 / 김웅권	9,000원
82 노동의 종말에 반하여	D. 슈나페르 / 김교신	6,000원
83 프랑스영화사	J. -P. 장콜 / 김혜련	근간

84	조와(弔蛙)	金教臣 / 노치준·민혜숙	8,000원
85	역사적 관점에서 본 시네마	J. -L. 뢰트라 / 곽노경	8,000원
86	욕망에 대하여	M. 슈벨 / 서민원	8,000원
87	산다는 것의 의미·1—여분의 행복	P. 쌍소 / 김주경	7,000원
88	철학 연습	M. 아롱델-로오 / 최은영	8,000원
89	삶의 기쁨들	D. 노게 / 이은민	6,000원
90	이탈리아영화사	L. 스키파노 / 이주현	8,000원
91	한국문화론	趙興胤	10,000원
92	현대연극미학	M. -A. 샤르보니에 / 홍지화	8,000원
93	느리게 산다는 것의 의미·2	P. 쌍소 / 김주경	7,000원
94	진정한 모럴은 모럴을 비웃는다	A. 에슈고엔 / 김웅권	8,000원
95	한국종교문화론	趙興胤	10,000원
96	근원적 열정	L. 이리가라이 / 박정오	9,000원
97	라캉, 주체 개념의 형성	B. 오질비 / 김 석	9,000원
98	미국식 사회 모델	J. 바이스 / 김종명	7,000원
99	소쉬르와 언어과학	P. 가데 / 김용숙·임정혜	10,000원
100	철학적 기본 개념	R. 페르버 / 조국현	8,000원
101	철학자들의 동물원	A. L. 브라쇼파르 / 문신원	근간
102	글렌 굴드, 피아노 솔로	M. 슈나이더 / 이창실	7,000원
103	문학비평에서의 실험	C. S. 루이스 / 허 종	8,000원
104	코뿔소 [희곡]	E. 이오네스코 / 박형섭	8,000원
105	《제7의 봉인》 비평연구	E. 그랑조르주 / 이은민	근간
106	《쥘과 짐》 비평연구	C. 르 베르 / 이은민	근간
107	경제, 거대한 사탄인가?	P. -N. 지로 / 김교신	7,000원
108	딸에게 들려 주는 작은 철학	R. 시몬 셰퍼 / 안상원	7,000원
109	도덕에 관한 에세이	C. 로슈·J. -J. 바레르 / 고수현	6,000원
110	프랑스 고전비극	B. 클레망 / 송민숙	8,000원
111	고전수사학	G. 위딩 / 박성철	근간
112	유토피아	T. 파코 / 조성애	7,000원
113	쥐비알	A. 자르댕 / 김남주	7,000원
114	증오의 모호한 대상	J. 아순 / 김승철	8,000원
115	개인—주체철학에 대한 고찰	A. 르노 / 장정아	7,000원
116	이슬람이란 무엇인가	M. 루스벤 / 최생열	8,000원
117	간추린 서양철학사·상	A. 케니 / 이영주	근간
118	간추린 서양철학사·하	A. 케니 / 이영주	근간
119	느리게 산다는 것의 의미·3	P. 쌍소 / 김주경	7,000원
120	문학과 정치 사상	P. 페티티에 / 이종민	8,000원
121	가장 아름다운 하나님 이야기	A. 보테르 外 / 주태환	8,000원
122	시민 교육	P. 카니베즈 / 박주원	9,000원
123	스페인영화사	J.- C. 스갱 / 정동섭	8,000원
124	인터넷상에서—행동하는 지성	H. L. 드레퓌스 / 정혜욱	9,000원
125	내 몸의 신비—세상에서 가장 큰 기적	A. 지오르당 / 이규식	7,000원

126 세 가지 생태학	F. 가타리 / 윤수종	8,000원
127 모리스 블랑쇼에 대하여	E. 레비나스 / 박규현	근간
128 위뷔 왕 [희곡]	A. 자리 / 박형섭	8,000원
129 번영의 비참	P. 브뤼크네르 / 이창실	8,000원
130 무사도란 무엇인가	新渡戶稻造 / 沈雨晟	7,000원
131 천 개의 집 [소설]	A. 라히미 / 김주경	근간
132 문학은 무슨 소용이 있는가?	D. 살나브 / 김교신	7,000원
133 종교에서―행동하는 지성	J. 카푸토 / 최생열	근간
134 노동사회학	M. 스트루방 / 박주원	근간
135 맞불 · 2	P. 부르디외 / 김교신	근간
136 믿음에 대하여―행동하는 지성	S. 지제크 / 최생열	근간

【東文選 文藝新書】

1 저주받은 詩人들	A. 뻬이르 / 최수철·김종호	개정근간
2 민속문화론서설	沈雨晟	40,000원
3 인형극의 기술	A. 훼도토프 / 沈雨晟	8,000원
4 전위연극론	J. 로스 에반스 / 沈雨晟	12,000원
5 남사당패연구	沈雨晟	10,000원
6 현대영미희곡선(전4권)	N. 코워드 外 / 李辰洙	절판
7 행위예술	L. 골드버그 / 沈雨晟	절판
8 문예미학	蔡 儀 / 姜慶鎬	절판
9 神의 起源	何 新 / 洪 熹	16,000원
10 중국예술정신	徐復觀 / 權德周 外	24,000원
11 中國古代書史	錢存訓 / 金允子	14,000원
12 이미지―시각과 미디어	J. 버거 / 편집부	12,000원
13 연극의 역사	P. 하트놀 / 沈雨晟	절판
14 詩 論	朱光潛 / 鄭相泓	9,000원
15 탄트라	A. 무케르지 / 金龜山	16,000원
16 조선민속무용기본	최승희	15,000원
17 몽고문화사	D. 마이달 / 金龜山	8,000원
18 신화 미술 제사	張光直 / 李 徹	10,000원
19 아시아 무용의 인류학	宮尾慈良 / 沈雨晟	절판
20 아시아 민족음악순례	藤井知昭 / 沈雨晟	5,000원
21 華夏美學	李澤厚 / 權 瑚	15,000원
22 道	張立文 / 權 瑚	18,000원
23 朝鮮의 占卜과 豫言	村山智順 / 金禧慶	15,000원
24 원시미술	L. 아담 / 金仁煥	16,000원
25 朝鮮民俗誌	秋葉隆 / 沈雨晟	12,000원
26 神話의 이미지	J. 캠벨 / 扈承喜	근간
27 原始佛敎	中村元 / 鄭泰爀	8,000원
28 朝鮮女俗考	李能和 / 金尙憶	24,000원
29 朝鮮解語花史(조선기생사)	李能和 / 李在崑	25,000원

30 조선창극사	鄭魯湜	7,000원
31 동양회화미학	崔炳植	18,000원
32 性과 결혼의 민족학	和田正平 / 沈雨晟	9,000원
33 農漁俗談辭典	宋在璇	12,000원
34 朝鮮의 鬼神	村山智順 / 金禧慶	12,000원
35 道教와 中國文化	葛兆光 / 沈揆昊	15,000원
36 禪宗과 中國文化	葛兆光 / 鄭相泓·任炳權	8,000원
37 오페라의 역사	L. 오레이 / 류연희	절판
38 인도종교미술	A. 무케르지 / 崔炳植	14,000원
39 힌두교의 그림언어	안넬리제 外 / 全在星	9,000원
40 중국고대사회	許進雄 / 洪 熹	30,000원
41 중국문화개론	李宗桂 / 李宰碩	15,000원
42 龍鳳文化源流	王大有 / 林東錫	25,000원
43 甲骨學通論	王宇信 / 李宰碩	근간
44 朝鮮巫俗考	李能和 / 李在崑	20,000원
45 미술과 페미니즘	N. 부루드 外 / 扈承喜	9,000원
46 아프리카미술	P. 윌레뜨 / 崔炳植	절판
47 美의 歷程	李澤厚 / 尹壽榮	22,000원
48 曼茶羅의 神들	立川武藏 / 金龜山	19,000원
49 朝鮮歲時記	洪錫謨 外/李錫浩	30,000원
50 하 상	蘇曉康 外 / 洪 熹	절판
51 武藝圖譜通志 實技解題	正 祖 / 沈雨晟·金光錫	15,000원
52 古文字學첫걸음	李學勤 / 河永三	14,000원
53 體育美學	胡小明 / 閔永淑	10,000원
54 아시아 美術의 再發見	崔炳植	9,000원
55 曆과 占의 科學	永田久 / 沈雨晟	8,000원
56 中國小學史	胡奇光 / 李宰碩	20,000원
57 中國甲骨學史	吳浩坤 外 / 梁東淑	35,000원
58 꿈의 철학	劉文英 / 河永三	22,000원
59 女神들의 인도	立川武藏 / 金龜山	19,000원
60 性의 역사	J. L. 플랑드렝 / 편집부	18,000원
61 쉬르섹슈얼리티	W. 챠드윅 / 편집부	10,000원
62 여성속담사전	宋在璇	18,000원
63 박재서희곡선	朴栽緖	10,000원
64 東北民族源流	孫進己 / 林東錫	13,000원
65 朝鮮巫俗의 研究(상·하)	赤松智城·秋葉隆 / 沈雨晟	28,000원
66 中國文學 속의 孤獨感	斯波六郞 / 尹壽榮	8,000원
67 한국사회주의 연극운동사	李康列	8,000원
68 스포츠인류학	K. 블랑챠드 外 / 박기동 外	12,000원
69 리조복식도감	리팔찬	절판
70 娼 婦	A. 꼬르뱅 / 李宗旼	22,000원
71 조선민요연구	高晶玉	30,000원

72	楚文化史	張正明 / 南宗鎭	26,000원
73	시간, 욕망, 그리고 공포	A. 코르뱅 / 변기찬	18,000원
74	本國劍	金光錫	40,000원
75	노트와 반노트	E. 이오네스코 / 박형섭	절판
76	朝鮮美術史研究	尹喜淳	7,000원
77	拳法要訣	金光錫	30,000원
78	艸衣選集	艸衣意恂 / 林鍾旭	20,000원
79	漢語音韻學講義	董少文 / 林東錫	10,000원
80	이오네스코 연극미학	C. 위베르 / 박형섭	9,000원
81	중국문자훈고학사전	全廣鎭 편역	23,000원
82	상말속담사전	宋在璇	10,000원
83	書法論叢	沈尹默 / 郭魯鳳	8,000원
84	침실의 문화사	P. 디비 / 편집부	9,000원
85	禮의 精神	柳 肅 / 洪 熹	20,000원
86	조선공예개관	沈雨晟 편역	30,000원
87	性愛의 社會史	J. 솔레 / 李宗旼	18,000원
88	러시아미술사	A. I. 조토프 / 이건수	22,000원
89	中國書藝論文選	郭魯鳳 選譯	25,000원
90	朝鮮美術史	關野貞 / 沈雨晟	근간
91	美術版 탄트라	P. 로슨 / 편집부	8,000원
92	군달리니	A. 무케르지 / 편집부	9,000원
93	카마수트라	바짜야나 / 鄭泰爀	10,000원
94	중국언어학총론	J. 노먼 / 全廣鎭	18,000원
95	運氣學說	任應秋 / 李宰碩	8,000원
96	동물속담사전	宋在璇	20,000원
97	자본주의의 아비투스	P. 부르디외 / 최종철	10,000원
98	宗敎學入門	F. 막스 뮐러 / 金龜山	10,000원
99	변 화	P. 바츨라빅크 外 / 박인철	10,000원
100	우리나라 민속놀이	沈雨晟	15,000원
101	歌訣(중국역대명언경구집)	李宰碩 편역	20,000원
102	아니마와 아니무스	A. 융 / 박해순	8,000원
103	나, 너, 우리	L. 이리가라이 / 박정오	12,000원
104	베케트연극론	M. 푸크레 / 박형섭	8,000원
105	포르노그래피	A. 드워킨 / 유혜련	12,000원
106	셀 링	M. 하이데거 / 최상욱	12,000원
107	프랑수아 비용	宋 勉	18,000원
108	중국서예 80제	郭魯鳳 편역	16,000원
109	性과 미디어	W. B. 키 / 박해순	12,000원
110	中國正史朝鮮列國傳(전2권)	金聲九 편역	120,000원
111	질병의 기원	T. 매큐언 / 서 일 · 박종연	12,000원
112	과학과 젠더	E. F. 켈러 / 민경숙 · 이현주	10,000원
113	물질문명 · 경제 · 자본주의	F. 브로델 / 이문숙 外	절판

114	이탈리아인 태고의 지혜	G. 비코 / 李源斗	8,000원
115	中國武俠史	陳 山 / 姜鳳求	18,000원
116	공포의 권력	J. 크리스테바 / 서민원	23,000원
117	주색잡기속담사전	宋在璇	15,000원
118	죽음 앞에 선 인간(상·하)	P. 아리에스 / 劉仙子	각권 8,000원
119	철학에 대하여	L. 알튀세르 / 서관모·백승욱	12,000원
120	다른 곳	J. 데리다 / 김다은·이혜지	10,000원
121	문학비평방법론	D. 베르제 外 / 민혜숙	12,000원
122	자기의 테크놀로지	M. 푸코 / 이희원	16,000원
123	새로운 학문	G. 비코 / 李源斗	22,000원
124	천재와 광기	P. 브르노 / 김웅권	13,000원
125	중국은사문화	馬 華·陳正宏 / 강경범·천현경	12,000원
126	푸코와 페미니즘	C. 라마자노글루 外 / 최 영 外	16,000원
127	역사주의	P. 해밀턴 / 임옥희	12,000원
128	中國書藝美學	宋 民 / 郭魯鳳	16,000원
129	죽음의 역사	P. 아리에스 / 이종민	18,000원
130	돈속담사전	宋在璇 편	15,000원
131	동양극장과 연극인들	김영무	15,000원
132	生育神과 性巫術	宋兆麟 / 洪 熹	20,000원
133	미학의 핵심	M. M. 이턴 / 유호전	14,000원
134	전사와 농민	J. 뒤비 / 최생열	18,000원
135	여성의 상태	N. 에니크 / 서민원	22,000원
136	중세의 지식인들	J. 르 고프 / 최애리	18,000원
137	구조주의의 역사(전4권)	F. 도스 / 이봉지 外	각권 15,000원
138	글쓰기의 문제해결전략	L. 플라워 / 원진숙·황정현	20,000원
139	음식속담사전	宋在璇 편	16,000원
140	고전수필개론	權 瑚	16,000원
141	예술의 규칙	P. 부르디외 / 하태환	23,000원
142	"사회를 보호해야 한다"	M. 푸코 / 박정자	20,000원
143	페미니즘사전	L. 터틀 / 호승희·유혜련	26,000원
144	여성심벌사전	B. G. 워커 / 정소영	근간
145	모데르니테 모데르니테	H. 메쇼닉 / 김다은	20,000원
146	눈물의 역사	A. 벵상뷔포 / 이자경	18,000원
147	모더니티입문	H. 르페브르 / 이종민	24,000원
148	재생산	P. 부르디외 / 이상호	18,000원
149	종교철학의 핵심	W. J. 웨인라이트 / 김희수	18,000원
150	기호와 몽상	A. 시몽 / 박형섭	22,000원
151	융분석비평사전	A. 새뮤얼 外 / 민혜숙	16,000원
152	운보 김기창 예술론연구	최병식	14,000원
153	시적 언어의 혁명	J. 크리스테바 / 김인환	20,000원
154	예술의 위기	Y. 미쇼 / 하태환	15,000원
155	프랑스사회사	G. 뒤프 / 박 단	16,000원

156	중국문예심리학사	劉偉林 / 沈揆昊	30,000원
157	무지카 프라티카	M. 캐넌 / 김혜중	25,000원
158	불교산책	鄭泰爀	20,000원
159	인간과 죽음	E. 모랭 / 김명숙	23,000원
160	地中海(전5권)	F. 브로델 / 李宗旼	근간
161	漢語文字學史	黃德實・陳秉新 / 河永三	24,000원
162	글쓰기와 차이	J. 데리다 / 남수인	28,000원
163	朝鮮神事誌	李能和 / 李在崑	근간
164	영국제국주의	S. C. 스미스 / 이태숙・김종원	16,000원
165	영화서술학	A. 고드로・F. 조스트 / 송지연	17,000원
166	美學辭典	사사키 겡이치 / 민주식	22,000원
167	하나이지 않은 성	L. 이리가라이 / 이은민	18,000원
168	中國歷代書論	郭魯鳳 譯註	25,000원
169	요가수트라	鄭泰爀	15,000원
170	비정상인들	M. 푸코 / 박정자	25,000원
171	미친 진실	J. 크리스테바 外 / 서민원	25,000원
172	디스탱숑(상・하)	P. 부르디외 / 이종민	근간
173	세계의 비참(전3권)	P. 부르디외 外 / 김주경	각권 26,000원
174	수묵의 사상과 역사	崔炳植	근간
175	파스칼적 명상	P. 부르디외 / 김웅권	22,000원
176	지방의 계몽주의	D. 로슈 / 주명철	30,000원
177	이혼의 역사	R. 필립스 / 박범수	25,000원
178	사랑의 단상	R. 바르트 / 김희영	근간
179	中國書藝理論體系	熊秉明 / 郭魯鳳	23,000원
180	미술시장과 경영	崔炳植	16,000원
181	카프카 — 소수적인 문학을 위하여	G. 들뢰즈・F. 가타리 / 이진경	13,000원
182	이미지의 힘 — 영상과 섹슈얼리티	A. 쿤 / 이형식	13,000원
183	공간의 시학	G. 바슐라르 / 곽광수	근간
184	랑데부 — 이미지와의 만남	J. 버거 / 임옥희・이은경	18,000원
185	푸코와 문학 — 글쓰기의 계보학을 향하여	S. 듀링 / 오경심・홍유미	근간
186	각색, 연극에서 영화로	A. 엘보 / 이선형	16,000원
187	폭력과 여성들	C. 도펭 外 / 이은민	18,000원
188	하드 바디 — 할리우드 영화에 나타난 남성성	S. 제퍼드 / 이형식	18,000원
189	영화의 환상성	J.-L. 뢰트라 / 김경온・오일환	18,000원
190	번역과 제국	D. 로빈슨 / 정혜욱	16,000원
191	그라마톨로지에 대하여	J. 데리다 / 김웅권	근간
192	보건 유토피아	R. 브로만 外 / 서민원	근간
193	현대의 신화	R. 바르트 / 이화여대기호학연구소	20,000원
194	중국회화백문백답	郭魯鳳	근간
195	고서화감정개론	徐邦達 / 郭魯鳳	근간
196	상상의 박물관	A. 말로 / 김웅권	근간
197	부빈의 일요일	J. 뒤비 / 최생열	22,000원

198 아인슈타인의 최대 실수	D. 골드스미스 / 박범수	16,000원
199 유인원, 사이보그, 그리고 여자	D. 해러웨이 / 민경숙	25,000원
200 공동생활 속의 개인주의	F. 드 생글리 / 최은영	20,000원
201 기식자	M. 세르 / 김웅권	24,000원
202 연극미학 — 플라톤에서 브레히트까지의 텍스트들	J. 셰레 外 / 홍지화	24,000원
203 철학자들의 신(전2권)	W. 바이셰델 / 최상욱	근간
204 고대 세계의 정치	모제스 I. 핀레이 / 최생열	16,000원
205 프란츠 카프카의 고독	M. 로베르 / 이창실	18,000원
206 문화 학습 — 실천적 입문서	J. 자일스 · T. 미들턴 / 장성희	근간
207 호모 아카데미쿠스	P. 부르디외 / 임기대	근간
208 朝鮮槍棒敎程	金光錫	40,000원
209 자유의 순간	P. M. 코헨 / 최하영	16,000원
210 밀교의 세계	鄭泰爀	16,000원
211 토탈 스크린	J. 보드리야르 / 배영달	19,000원
212 영화와 문학의 서술학	F. 바누아 / 송지연	근간
213 텍스트의 즐거움	R. 바르트 / 김희영	15,000원
214 영화의 직업들	B. 라트롱슈 / 김경온 · 오일환	근간
215 소설과 신화	이용주	15,000원
216 문화와 계급 — 부르디외와 한국 사회	홍성민 外	18,000원
217 작은 사건들	R. 바르트 / 김주경	근간
218 연극분석입문	J. -P. 링가르 / 박형섭	18,000원
219 푸코	G. 들뢰즈 / 허 경	근간
220 우리나라 도자기와 가마터	宋在璇	근간
221 보이는 것과 보이지 않는 것	M. 퐁티 / 남수인 · 최의영	근간
222 메두사의 웃음/출구	H. 식수 / 박혜영	근간
223 담화 속의 논증	R. 아모시 / 장인봉	근간
224 포켓의 형태	J. 버거 / 이영주	근간
225 이미지심벌사전	A. 드 브리스 / 이원두	근간

【기 타】

▨ 모드의 체계	R. 바르트 / 이화여대기호학연구소	18,000원
▨ 라신에 관하여	R. 바르트 / 남수인	10,000원
▨ 說 苑 (上·下)	林東錫 譯註	각권 30,000원
▨ 晏子春秋	林東錫 譯註	30,000원
▨ 西京雜記	林東錫 譯註	20,000원
▨ 搜神記 (上·下)	林東錫 譯註	각권 30,000원
■ 경제적 공포〔메디치賞 수상작〕	V. 포레스테 / 김주경	7,000원
■ 古陶文字徵	高 明 · 葛英會	20,000원
■ 古文字類編	高 明	절판
■ 金文編	容 庚	36,000원
■ 고독하지 않은 홀로되기	P. 들레름 · M. 들레름 / 박정오	8,000원
■ 그리하여 어느날 사랑이여	이외수 편	4,000원

■ 딸에게 들려 주는 작은 지혜	N. 레흐레이트너 / 양영란	6,500원
■ 노력을 대신하는 것은 없다	R. 쉬이 / 유혜련	5,000원
■ 노블레스 오블리주	현택수 사회비평집	7,500원
■ 미래를 원한다	J. D. 로스네 / 문 선·김덕희	8,500원
■ 사랑의 존재	한용운	3,000원
■ 산이 높으면 마땅히 우러러볼 일이다	유 향 / 임동석	5,000원
■ 서기 1000년과 서기 2000년 그 두려움의 흔적들	J. 뒤비 / 양영란	8,000원
■ 서비스는 유행을 타지 않는다	B. 바게트 / 정소영	5,000원
■ 선종이야기	홍 희 편저	8,000원
■ 섬으로 흐르는 역사	김영희	10,000원
■ 세계사상	창간호~3호: 각권 10,000원 / 4호: 14,000원	
■ 십이속상도안집	편집부	8,000원
■ 어린이 수묵화의 첫걸음(전6권)	趙 陽 / 편집부	각권 5,000원
■ 오늘 다 못다한 말은	이외수 편	7,000원
■ 오블라디 오블라다, 인생은 브래지어 위를 흐른다	무라카미 하루키 / 김난주	7,000원
■ 인생은 앞유리를 통해서 보라	B. 바게트 / 박해순	5,000원
■ 잠수복과 나비	J. D. 보비 / 양영란	6,000원
■ 천연기념물이 된 바보	최병식	7,800원
■ 原本 武藝圖譜通志	正祖 命撰	60,000원
■ 隸字編	洪鈞陶	40,000원
■ 테오의 여행 (전5권)	C. 클레망 / 양영란	각권 6,000원
■ 한글 설원 (상·중·하)	임동석 옮김	각권 7,000원
■ 한글 안자춘추	임동석 옮김	8,000원
■ 한글 수신기 (상·하)	임동석 옮김	각권 8,000원

【이외수 작품집】

■ 겨울나기	창작소설	7,000원
■ 그대에게 던지는 사랑의 그물	에세이	7,000원
■ 그리움도 화석이 된다	시화집	6,800원
■ 꿈꾸는 식물	장편소설	7,000원
■ 내 잠 속에 비 내리는데	에세이	7,000원
■ 들 개	장편소설	7,000원
■ 말더듬이의 겨울수첩	에스프리모음집	7,000원
■ 벽오금학도	장편소설	7,000원
■ 장수하늘소	창작소설	7,000원
■ 칼	장편소설	7,000원
■ 풀꽃 술잔 나비	서정시집	4,000원
■ 황금비늘 (1·2)	장편소설	각권 7,000원

【조병화 작품집】

■ 공존의 이유	제11시점	5,000원
■ 그리운 사람이 있다는 것은	제45시집	5,000원

- ■ 길　　　　　　　　　　애송시모음집　　　　　　　10,000원
- ■ 개구리의 명상　　　　제40시집　　　　　　　　　3,000원
- ■ 꿈　　　　　　　　　　고희기념자선시집　　　　10,000원
- ■ 따뜻한 슬픔　　　　　제49시집　　　　　　　　　5,000원
- ■ 버리고 싶은 유산　　　제 1시집　　　　　　　　　3,000원
- ■ 사랑의 노숙　　　　　애송시집　　　　　　　　　4,000원
- ■ 사랑의 여백　　　　　애송시화집　　　　　　　　5,000원
- ■ 사랑이 가기 전에　　　제 5시집　　　　　　　　　4,000원
- ■ 남은 세월의 이삭　　　제 52시집　　　　　　　　6,000원
- ■ 시와 그림　　　　　　애장본시화집　　　　　　30,000원
- ■ 아내의 방　　　　　　제44시집　　　　　　　　　4,000원
- ■ 잠 잃은 밤에　　　　　제39시집　　　　　　　　　3,400원
- ■ 패각의 침실　　　　　제 3시집　　　　　　　　　3,000원
- ■ 하루만의 위안　　　　제 2시집　　　　　　　　　3,000원

東文選 現代新書 1

21세기를 위한 새로운 엘리트

FORSEEN 연구소 (프)
김경현 옮김

우리 사회의 미래를 누르고 있는 경제적·사회적 그리고 도덕적 불확실성과 격변하는 세계에서 새로운 지표들을 찾는 어려움은 엘리트들의 역할과 책임에 대한 재고를 요구한다.

엘리트의 쇄신은 불가피하다. 미래의 지도자들은 어떠한 모습을 갖게 될 것인가? 그들은 어떠한 조건하의 위기 속에서 흔들린 그들의 신뢰도를 다시금 회복할 수 있을 것인가? 기업의 경영을 위해 어떠한 변화를 기대해야 할 것인가? 미래의 결정자들을 위해서 어떠한 교육이 필요한가? 다가오는 시대의 의사결정자들에게 필요한 자질들은 어떠한 것들일까?

이 한 권의 연구보고서는 21세기를 이끌어 나갈 엘리트들에 대한 기대와 조건분석을 시도하고 있으며, 구체적으로 그들이 담당할 역할과 반드시 갖추어야 될 미래에 대한 비전을 제시하고 있다.

본서는 프랑스의 세계적인 커뮤니케이션 그룹인 아바스 그룹 산하의 포르셍 연구소에서 펴낸 《미래에 대한 예측총서》 중의 하나이다. 63개국에 걸친 연구원들의 활동을 바탕으로 세계적인 차원에서 우리 사회를 변화시키게 될 여러 가지 추세들을 깊숙이 파악하고 있다.

사회학적 추세를 연구하는 포르셍 연구소의 이번 연구는 단순히 미래를 예측하는 데에 그치는 것이 아니라, 미래를 준비하는 자들로 하여금 보충적인 성찰의 요소들을 비롯해서, 그들을 에워싸고 있는 세계에 대한 보다 넓은 이해를 지닌 상태에서 행동하고 앞날을 맞이하게끔 하기 위해서 이 관찰을 활용하자는 것이다.

東文選 現代新書 3

사유의 패배

알랭 핑켈크로트
주태환 옮김

  문화 속에서 우리는 거북스러움을 느낀다. 왜냐하면 문화란, 사유(思惟)하면서 살아가는 일이기 때문이다. 그리고 오늘날 사유가 아무런 역할도 하지 못하는 제반행위를 흔히 문화적인 것으로 규정해 버리는 조류가 확인되고 있다. 정신의 위대한 창조에 필수적인 동작들, 이 모두가 이렇게 문화적인 것으로 잘못 여겨지고 있다. 무슨 이유로 소비와 광고, 혹은 역사 속에 뿌리박은 모든 자동성이 가져다 주는 달콤함을 탐닉하기보다는 참된 문화를 선택해야 하는 것일까?

  87,88년 프랑스 최고의 베스트셀러로서 프랑스 지성계에 커다란 파문을 일으킨 본서는, 오늘날 프랑스 대중들에게 가장 영향력 있는 철학자 중의 한 사람인 핑켈크로트의 대표작이다. 그는 현재 많은 저작과 방송매체를 통해 사회문제에 관해 적극적인 발언을 펼치고 있다.

  그는 오늘날의 거대한 야망이 문화를 손아귀에 움켜쥐고 있다고 결론짓고, 문화라는 거창한 이름 아래 소아병적 증상과 더불어 비관용적 분위기가 확대되어 왔으며, 이제는 기술시대가 낳은 레저산업이 인간 정신이 이루어 놓은 문화적 유산을 싸구려 유희거리로 전락시키고 있으며, 그리하여 정신이 주도하던 인간 삶은 마침내 집단의 배타적 가치에 광분하는 인간과 흐느적거리는 무골인간, 이 둘 사이의 무시무시하고도 우스꽝스런 만남에 자기 자리를 내주고 있다고 통박하고 있다.

  그는 본서를 통해 정신적 의미가 구체적 역사 속에서 부상하고 함몰하는 과정을 그려내면서, 우리가 어떻게 해서 여기에까지 도달하게 되었는지를 일관된 논리로 비판하고 있다.

東文選 現代新書 74

시학 − 문학 형식 일반론 입문

다비드 퐁텐
이용주 옮김

이론 교과로서 시학은 모든 예술 사이에, 아름다움에 대한 학문으로 정의된 미학과 다양한 현존 언어들 사이에, 인간 언어에 대한 과학적 연구로 이해되는 언어학의 중간에 위치한다. 시학은 언어로 된 메시지의 미학적 측면, 즉 순간적인 다량의 의사 소통에서 전달된 정보 이후에 바로 사라지지 않고 수신자에게 메시지를 감지하게 만드는 것에 중점을 둔다.

2천5백 년 전 아리스토텔레스가 기초를 마련한 시학은 현대에 와서 문학의 특성, 즉 '문학성'에 대한 폭넓은 연구로 바뀌었다. 평가하고 해석하는 비평과 달리 시학은 언어 예술, 언어의 내적 규칙, 언어 기법, 언어 형식을 객관적으로 기술하고자 한다. 이 연구서는 먼저 역사적인 흐름에 따라 요약하고, 서술학, 픽션의 세계, 시적 언어, 의미화 과정, 문학 장르의 까다롭고 아주 흥미로운 문제까지 포함한 근대 문학 이론의 다양한 영역을 통해 심오하고 점진적인 과정을 제시한다.

저자 다비드 퐁텐 교수는 고등사범학교를 졸업하였으며, 철학교수 자격 소지자이다.

東文選 現代新書 113

쥐비알

알렉상드르 자르댕

김남주 옮김

아버지의 유산, 우리들 가슴속엔 어떤 아버지가 자리하고 있는가?
　정신적 지주였던 아버지에 관한 자전적 이야기인 이 작품은, 소설보다 더 소설적인 부자(父子)의 삶을 감동적으로 담아내고 있다. 자녀들에게 쥐비알이라는 애칭으로 불렸던 그의 아버지 파스칼 자르댕은 여러 편의 소설과 1백여 편의 시나리오를 남겼다. 그 또한 자신의 아버지, 그러니까 저자의 할아버지에 대한 소설 《노란 곱추》를 발표하였으며, 이 작품 또한 수년 전 한국에 소개된 바 있다. 하지만 자유 그 자체였던 그의 존재 이유는 무엇보다도 여자를 사랑하는 일에 있었다. 그의 진정한 일은 여인을 사랑하는 것이었다, 특히 자신의 아내를.
　그는 열여섯의 나이에 아버지의 여자친구인 거대한 재산 상속녀의 침대로 기운차게 뛰어들어 그녀의 정부가 되었으며, 자신들의 관계를 기념하기 위해 베르사유궁의 프티 트리아농과 똑같은 저택을 짓게 하고 파티를 열어 그의 아버지를 초대하는가 하면, 창녀를 친구로 사귀어 몇 달 동안 하루도 거르지 않고 서너 차례씩 꽃다발을 보내어 관리인으로 하여금 그녀가 혹시 공주가 아닐까 하는 착각에 빠지게끔 만들기도 하였다. 그런가 하면 자신의 어머니의 절친한 연인의 해골과 뼈를 집 안에 들여다 놓고, 그것이 저 유명한 나폴레옹 외무상이었던 탈레랑의 뼈라고 능청스레 둘러대다가 탄로나서 집 안을 발칵 뒤집히게 하는 등, 기상천외한 기행과 사랑의 모험을 한순간도 멈추지 않았다. 심지어 죽어서까지 그의 영원한 연인이자 아내였던 저자의 어머니에게 끊임없이 무덤으로부터 열렬한 사랑의 편지가 배달되게 하는가 하면, 17년이 지난 오늘날까지 그의 아내를 포함하여 그를 사랑했던 30여 명의 여인들을 해마다 그가 죽은 날을 기해 성당에 모여 눈물을 흘리게 하여, 그가 죽음으로써 안도의 숨을 내쉬었던 그녀들의 남자들을 참담하게 만들기도 하였다. 스위스의 그의 무덤에는 하루도 빠짐없이 지금까지도 제비꽃 다발이 놓이고 있다.

東文選 現代新書 129

번영의 비참
— 종교화한 시장 경제와 그 적들

파스칼 브뤼크네르 / 이창실 옮김

'2002 프랑스 BOOK OF ECONOMY賞' 수상
'2002 유러피언 BOOK OF ECONOMY賞' 특별수훈

번영의 한가운데서 더 큰 비참이 확산되고 있다면 세계화의 혜택은 무엇이란 말인가?

모든 종교와 이데올로기가 붕괴되는 와중에 그래도 버티는 게 있다면 그건 경제다. 경제는 이제 무미건조한 과학이나 이성의 냉철한 활동이기를 그치고, 발전된 세계의 마지막 영성이 되었다. 이 준엄한 종교성은 이렇다 할 고양된 감정은 없어도 제의(祭儀)에 가까운 열정을 과시한다.

이 신화로부터 새로운 반체제 운동들이 사람들의 마음을 사로잡는다. 시장의 불공평을 비난하는 이 운동들은 지상의 모든 혼란의 원인이 시장에 있다고 본다. 그러나 실상은 그렇게 하면서 시장을 계속 역사의 원동력으로 삼게 된다. 신자유주의자들이나 이들을 비방하는 자들 모두가 같은 신앙으로 결속되어 있는 만큼 그들은 한통속이라 할 수 있다.

그렇다면 우리가 벗어나야 하는 것은 자본주의가 아니라 경제만능주의이다. 사회 전체를 지배하려 드는 경제의 원칙, 우리를 근면한 햄스터로 실추시켜 단순히 생산자 · 소비자 혹은 주주라는 역할에 가두어두는 이 원칙을 너나없이 떠받드는 상황에서 벗어나야 한다. 일체의 시장 경제 행위를 원위치에 되돌려 놓고 시장 경제가 아닌 자리를 되찾아야 한다. 이것은 우리 삶의 의미와도 직결되는 문제이기 때문이다.

파스칼 브뤼크네르: 1948년생으로 오늘날 프랑스에서 가장 영향력 있는 에세이스트이자 소설가이기도 하다. 그는 매 2년마다 소설과 에세이를 번갈아 가며 발표하고 있다. 주요 저서로는 《순진함의 유혹》(1995 메디치상), 《아름다움을 훔친 자들》(1997 르노도상), 《영원한 황홀》 등이 있으며, 1999년에는 프랑스에서 가장 많이 팔린 작가로 뽑히기도 하였다.

東文選 現代新書 42

진보의 미래

도미니크 르쿠르
김영선 옮김

　과거를 조명하지 않고는 진보 사상에 대한 미래를 예견할 수 없다. 진보라는 단어의 현대적 의미가 만들어진 것은 17세기 베이컨과 더불어였다. 이 진보주의 학설은 당시 움직이는 신화가 되었으며, 공산주의자들이 그것을 계승한 20세기까지 그러하였다. 저자는 진보주의 학설이 발생시킨 '정치적' 표류만큼이나 '과학적' 표류를 징계하며, 미래의 윤리학으로 이해된 진보에 대한 요구에 새로운 정의를 주장한다.

　발달과 성장이라는 것은 복지와 사회적 화합에서 비롯된 두 가지 양식인가? 단연코 그렇지 않다. 작가는 비관주의에 빠지지 않으면서도 다소 어두운 시대적 도표를 작성한다. 생활윤리학·농업·환경론 및 새로운 통신 기술이 여기서는 비판적이면서도 개방적인 관점에서 언급된다.

　과학과 기술을 혼동함에 따라 사람들은 무엇에 대해 말하고 있는지 더 이상 알지 못한다. 정치 분야와 도덕의 영역을 혼동함에 따라 무엇을 생각해야 할지 또한 더 이상 알지 못한다. 작가는 철학의 새로운 평가에 대해 옹호하고, 그래서 그는 미덕의 가장 근본인 용기를 주장한다. 그가 이 책에서 증명하기를 바라는 것은 두려움의 윤리에 대항하며, 방법을 아는 조건하에서는 모든 사람이 철학을 할 수 있다는 점인 것이다.

東文選 文藝新書 211

토탈 스크린

장 보드리야르
배영달 옮김

　우리 사회의 현상들을 날카로운 혜안으로 분석하는 보드리야르의 《토탈 스크린》은 최근 자신의 고유한 분석 대상이 된 가상(현실)·정보·테크놀러지·텔레비전에서 정치적 문제·폭력·테러리즘·인간 복제에 이르기까지 현대성의 다양한 특성들을 보여 준다. 특히 이 책에서 보드리야르는 오늘날 우리를 매혹하는 형태들인 폭력·테러리즘·정보 바이러스와 관련하여 기호와 이미지의 불가피한 흐름, 과도한 커뮤니케이션, 프로그래밍화된 정보를 분석한다. 왜냐하면 현대의 미디어·커뮤니케이션·정보는 이미지의 독성에 의해 증식되며, 바이러스성의 힘을 지니기 때문이다.
　보드리야르는 현대성은 이미지의 독성과 더불어 폭력을 산출해 낸다고 말한다. 이러한 폭력은 정열과 본능에서보다는 스크린에서 생겨난다는 의미에서 가장된 폭력이다. 그리고 그것은 스크린과 미디어 속에 잠재해 있다. 사실 우리는 미디어의 폭력, 가상의 폭력에 저항할 수가 없다. 스크린·미디어·가상(현실)은 폭력의 형태로 도처에서 우리를 위협한다. 그러나 우리는 스크린 속으로, 가상의 이미지 속으로 들어간다. 우리는 기계의 가상 현실에 갇힌 인간이 된다. 이제 우리를 생각하는 것은 가상의 기계이다. 따라서 그는 "정보의 출현과 더불어 역사의 전개가 끝났고, 인공지능의 출현과 동시에 사유가 끝났다"고 말한다. 아마 그의 이러한 사유는 사유의 바른길과 옆길을 통해 새로운 사유의 길을 늘 모색하는 데서 비롯된 것일 터이다. 현대성에 대한 탁월한 통찰력을 보여 주는 보드리야르의 이 책은 우리에게 우리 사회의 현상들을 비판적으로 읽게 해줄 것이다.

東文選 文藝新書 190

번역과 제국
—포스트식민주의 이론 해설

더글러스 로빈슨

정혜욱 옮김

 번역 과정이 한 언어를 다른 언어로 정확하게 의미를 전달하는 과정인 것은 사실이지만, 이 과정을 성공적으로 성취해 내는 것은 정말 쉽지 않은 일이다. 한 언어가 속한 문화와 다른 언어가 속해 있는 문화가 동일하지 않기 때문에, 이 과정에는 여러 가지 복합적이고 이질적인 요소들의 불협화음이 내재되어 있다. 그리고 이 불협화음을 조율하는 과정에서 이질적인 요소들의 만남과 절충이 평등주의적 원칙인 등가성의 원리에 입각해 있는 것이 아니다.
 1980년대 후반과 1990년대 초반 문화인류학에서부터 생겨난 포스트식민주의 번역 이론은 기본적으로 번역이 종종 제국의 중요한 채널로서 기능해 왔다는 데 주목한다. 더글러스 로빈슨은 주체 민족의 식민화, 번역 시장에서 식민적 태도의 잔존, 그리고 정신을 '탈식민화'하기 위한 번역의 유토피아적 이용에 초점을 맞추어서 이러한 새로운 비평적 접근을 간결하게 소개하고 있다.
 로빈슨은 포스트식민주의 이론의 일반적인 개관으로 시작하여 무엇이 어떻게 번역되는가를 통제하는 권력 분화에 대한 최근의 이론들을 관찰하고, 번역에 관한 포스트식민적 사고의 역사적 발전을 추적한다. 그는 또한 포스트식민주의 맥락에서 번역의 부정적·긍정적인 영향을 탐구하면서, 포스트식민주의 번역 이론의 다양한 비판들을 논평하고, 핵심적인 용어 해설을 붙였다. 따라서 이 책은 동시대 번역 연구에서 가장 복잡하고 비판적인 몇몇 쟁점들에 대한 명확하고 유용한 안내서이다.

東文選 文藝新書 189

영화의 환상성

장 루이 뢰트라 / 김경온 · 오일환 옮김

영화는 발생 초기부터 환상성이라는 테마를 집요하게 다루어 왔다. 단지 환상성의 개념이 생각만큼 일관되고 통합된 모습을 드러내지 않았을 뿐이었다. 영화적 기계 장치는 실재 현실과 그 모사들을 재료로 취해 유희했다. 실재 현실과 그 모사의 결합을 그리는 일은 흥미롭지만 무모한 시도였다.

그러나 제7의 예술 영화는 이 모호한 영역에 접근할 때에만 진정한 정체성을 소유할 수 있다. 이 좁은 변방 지역에는 모순된 내면을 가진 피조물들이 가득 차 있다. 유령들, 캣우먼들, 괴물로 변신하고 있는 박사들이 그들이다. 이 책은 영화의 환상성을 구현한 영화 작품들을 나선의 움직임 속에서 포착한다. 《안달루시아의 개》와 《지난해 마리앵바드에서》가 이 책의 출발과 결말, 두 극점에 각각 자리잡고 있는 가운데 그동안 파묻혔던 판타스틱 공포영화들을 소생시키는 소용돌이의 흐름이 두 극점 사이에서 일어난다. 그래서 인생과 영화의 판타스틱 코드를 통찰한 제작자 발 루턴의 감독들인 자크 투르뇌르 · 로버트 와이즈 · 마크 로브슨의 작품들이 되살아나고, 그리고 마리오 바바의 작품들, 잭 클레이턴의 《순수한 자들》, 무르나우의 《노스페라투》, 카를 테오도르 드라이어의 《흡혈귀》 같은 옛 작품들, 또 《여방문객》 · 《꿀벌통의 정령》 · 《노란 집의 추억》 속의 비밀에 싸인 주인공들이 되살아난다. 결국 이 책은 영화와 시간의 관계, 영화의 멜랑콜릭한 성격, 그리고 영화의 힘에 대해 이야기한다.

장 루이 뢰트라는 프랑스 파리 3대학의 영화사와 영화미학 교수로 영화와 문학의 관계, 파롤과 이미지성의 힘 등에 대한 강좌를 열고 있다. 영화에 관한 많은 논문 · 저서들 외에 소설가 쥘리앵 그라크에 대한 저술서도 발간했다.

東文選 文藝新書 182

이미지의 힘
— 영상과 섹슈얼리티

아네트 쿤 / 이형식 옮김

 이 책은 포르노그라피의 미학과 전략, 그리고 그것을 소비하는 관람자의 욕망과 심리분석에서 탁월한 통찰력을 보여 준다. 남모르게 찍힌 듯이 제시된 사진이 어떻게 관음증적인 욕망을 부추기는지, 초대하는 시선이 어떻게 죄책감을 상쇄하는지, 하드코어에서는 왜 육체가 파편화될 수밖에 없는지의 문제는 요즘처럼 인터넷에서 포르노사이트가 범람하고, 거의 모든 광고에서 포르노그라피의 전략들이 채택되고 있는 오늘날의 이미지를 분석적인 시선으로 이해하는 데 많은 도움을 줄 것이다.
 이 도발적인 글 모음에서 아네트 쿤은 다양한 영화와 스틸 사진을 분석하고 있다. 쿤은 문화적으로 지배적인 이미지와 그것의 작용 방식에 대해 탐색하며 의견을 개진한다. 기호학과 마르크스주의-페미니스트 분석, 문화 연구와 역사적 방법을 아우르면서 쿤은 시각적 재현과 섹슈얼리티, 성적인 차이, 여성성과 남성성이 어떻게 구축되는가, 도덕성과 재현 가능성의 개념이 어떻게 실제 이미지를 통해 생산되는가를 둘러싼 문제를 연구한다.
 삽화가 들어 있는 이 책에는 여자의 '글래머' 사진과 '다큐멘터리' 사진, 포르노그라피, 할리우드 영화의 하나의 주제로서 복장전도에 관한 글들이 포함되어 있다. 이 책은 또한 검열과 하워드 혹스의 〈빅 슬립〉을 논의하고, 무성 영화 시대에 성행했던 장르——'건강 선전 영화'——에서 도덕성과 섹슈얼리티 구축 문제를 다루고 있다.
 아네트 쿤은 영화 이론, 영화사, 그리고 페미니즘과 재현에 대한 글을 널리 발표했다. 그녀는 현재 글래스고대학교에서 영화와 텔레비전을 강의하고 있으며, 《스크린》지의 편집자이다.

東文選 文藝新書 186

각색, 연극에서 영화로

앙드레 엘보 / 이선형 옮김

　본 저서는 공증된 사실을 출발점으로 삼고 있다. 관객은 어두운 객석에서 무대를 바라보며 낯선 망설임과 대면한다. 무대막과 스크린은 만남과 동시에 분열을 이끌어 낸다. 무대 이미지와 영화 영상은 분명 동일한 딜레마를 제시하지는 않는다. (나쁜) 장르 혹은 (정말 악의적인) 텍스트의 존재를 믿는다면, 물음의 성질은 달라질 것이다. 공연의 방법들은 포착·기호 체계·전환·전이·변신이라는 이름의 몸짓으로 말하고, 조우하고, 돌진하고, 위장한다.

　과연 이러한 관계의 과정을 통해 각색에 대한 총칭적인 컨셉트를 정의내릴 수 있을까? 각색의 대상들·도구들·모순들·기능들, 그리고 그 메커니즘은 무엇이란 말인가?

　기호학적 영감을 받은 방법적인 수단은 문제를 명확하게 표명한다. 이 수단은 실제적인 글읽기를 통해 로런스 올리비에와 파트리스 셰로의 《햄릿》, 베케트가 동의하여 필름에 담은 《고도를 기다리며》, 그 외의 여러 작품에 대한 실제적인 글읽기에서 잘 드러난다.

　기호학자인 앙드레 엘보는 현재 브뤼셀 자유대학교 인문대학 교수로 재직중이다. 그는 연극 기호학 센터 소장을 역임하고, 여러 국제공연기호학회에서 활발하게 활동하고 있다. 그의 저서 《공연 기호학》·《말과 몸짓》 등은 기호학적 방법론을 바탕으로 한 공연 예술에 관한 연구이다. 그런데 엘보의 연구가 후반으로 들어서면서 오페라 및 퍼포먼스와 같은 전체 공연 예술로 그 지평을 넓혀 가고 있음은 매우 흥미로운 일이다. 공연 예술 전반에 대한 기호학적인 연구를 통해 궁극적으로 영상 예술과의 조우를 꾀하고 있기 때문이다. 본 저서 《각색, 연극에서 영화로》는 바로 이러한 전환점을 잘 보여 주는 하나의 결과물이라고 하겠다.

東文選 文藝新書 127

역사주의

P. 해밀턴
임옥희 옮김

역사주의란 고대 그리스로부터 현대에 이르기까지 어떤 형태로든 존재해 왔던 비판운동이다. 하지만 역사주의가 정확히 의미하는 것은 무엇인가? 이 명료한 저서에서 폴 해밀턴은 역사 · 용어 · 역사주의의 용도를 학습하는 데 본질적인 열쇠를 제공한다.

해밀턴은 과거와 현재에 있어서 역사주의에 주요한 사상가를 논의한다. 그는 독자들에게 역사주의와 관련된 단어를 직설적이고도 분명하게 제공한다. 역사주의와 신역사주의의 차이가 설명되고 있으며, 페미니즘과 탈식민주의와 같은 당대 논쟁과 그것을 연결시키고 있다.

《역사주의》는 문학 이론이라는 때로는 당혹스러운 분야에 익숙하지 않은 학생들이 반드시 읽어야 한다. 이 책은 이상적인 입문 지침서이며, 더 많은 학문을 위한 귀중한 기초이다.

《역사주의》는 독자들에게 필요한 지식과 배경과 이 분야의 연구에 적용할 수 있는 어휘를 제공함으로써 이 분야에 반드시 필요한 입문서이다. 폴 해밀턴은 촘촘하고 포괄적으로 다음을 안내하고 있다.

· 역사주의의 이론과 토대를 설명한다.
· 용어와 그것의 용도의 내력을 제시한다.
· 독자들에게 고대 그리스로부터 현대에 이르기까지 이 분야에서 핵심적인 사상가들을 소개한다.
· 당대 논쟁 가운데서 역사주의를 고려하면서도 페미니즘과 탈식민주의 같은 다른 비판 양식과 이 분야의 관련성을 다루고 있다.
· 더 읽을거리를 제공하는 참고문헌을 포함하고 있다.

東文選 文藝新書 153

시적 언어의 혁명

줄리아 크리스테바

김인환 옮김

미셸 푸코는 《말과 사물》에서 19세기 이후 문학은 언어를 자기 존재 안에서 조명하기 시작하였고, 그런 맥락에서 횔덜린·말라르메·로트레아몽·아르토 등은 시를 자율적 존재로 확립하면서 일종의 '반담론'을 형성하였다고 지적한다. 그러한 작가들의 시적 언어는 통상적인 언어 표상이나 기호화의 기능을 초월하기 때문에 다각적이고 종합적인 연구를 필요로 한다. 본서는 바로 그러한 연구를 구체적으로 보여 주는 시도이다.

20세기 후반의 인문과학 분야를 대표하는 저작 중의 하나로 꼽히는 《시적 언어의 혁명》은 크게 시적 언어에 대한 일반적인 특징을 종합한 제1부, 말라르메와 로트레아몽의 텍스트를 분석한 제2부, 그리고 그 두 시인의 작품을 국가·사회·가족과의 관계를 토대로 연구한 제3부로 구성된다. 이번에 번역 소개된 부분은 이론적인 연구가 망라된 제1부이다. 제1부 〈이론적 전제〉에서 저자는 형상학·해석학·정신분석학·인류학·언어학·기호학 등 현대의 주요 학문 분야의 성과를 수렴하면서 폭넓은 지식과 통찰력을 바탕으로 시적 언어의 특성을 다각으로 조명 분석하고 있다.

크리스테바는 텍스트의 언어를 쌩볼릭과 세미오틱 두 가지 층위로 구분하고, 쌩볼릭은 일상적인 구성 언어로, 세미오틱은 원초적이고 본능적인 언어라고 규정한다. 그리하여 시적 언어로 된 텍스트의 최종적인 의미는 그 두 가지 언어 층위의 상호 작용에 의해서 결정된다고 본다. 그리고 시적 언어는 표면적으로 보기에 사회적 격동과 관계가 별로 없어 보이지만, 실상은 사회와 시대 위에 군림하는 논리와 이데올로기를 파괴하는 힘이 있다는 것을 말라르메와 로트레아몽의 《말도로르의 노래》에 대한 연구를 통하여 증명한다.

東文選 現代新書 81

영원한 황홀

파스칼 브뤼크네르

김웅권 옮김

"당신은 행복해지기 위해 사는가?"

당신은 왜 사는가? 전통적으로 많이 들어온 유명한 답변 중 하나는 "행복해지기 위해서 산다"이다. 이때 '행복'은 우리에게 목표가 되고, 스트레스가 되며, 역설적으로 불행의 원천이 된다. 브뤼크네르는 그러한 '행복의 강박증'으로부터 당신을 치유하기 위해 이 책을 썼다. 프랑스의 전 언론이 기립박수에 가까운 찬사를 보낸 이 책은 사실상 석 달 가까이 베스트셀러 1위를 지켜내면서 프랑스를 '들었다 놓은' 철학 에세이이다.

"어떻게 지내십니까? 잘 지내시죠?"라고 묻는 인사말에도 상대에게 행복을 강제하는 이데올로기가 숨쉬고 있다. 당신은 행복을 숭배하고 있다. 그것은 서구 사회를 침윤하고 있는 집단적 마취제다. 당신은 인정해야 한다. 불행도 분명 삶의 뿌리다. 그 뿌리는 결코 뽑히지 않는다. 이것을 받아들일 때 당신은 '행복의 의무'로부터 해방될 것이고, 행복하지 않아도 부끄럽지 않게 될 것이다.

대신 저자는 자유롭고 개인적인 안락을 제안한다. '행복은 어림치고 접근해서 조용히 잡아야 하는 것'이다. 현대인들의 '저속한 허식'인 행복의 웅덩이로부터 당신 자신을 건져내라. 그때 '빛나지도 계속되지도 않는 것이 지닌 부드러움과 덧없음'이 당신을 따뜻이 안아 줄 것이다. 그곳에 영원한 만족감이 있다.

중세에서 현대까지 동서의 명현석학과 문호들을 풍부하게 인용하는 저자의 깊은 지식샘, 그리고 혀끝에 맛을 느끼게 해줄 듯 명징하게 떠오르는 탁월한 비유 문장들은 이 책을 오래오래 되읽고 싶은 욕심을 갖게 한다. 독자들께 권해 드린다.   — 조선일보, 2001. 11. 3.

東文選 現代新書 44,45

쾌락의 횡포

장 클로드 기유보

김웅권 옮김

섹스는 생과 사의 중심에 놓인 최대의 화두 가운데 하나라고 할 수 있다. 성에 관한 엄청난 소란이 오늘날 민주적인 근대성이 침투한 곳이라면 아주 작은 구석까지 식민지처럼 지배하고 있는 것이다. 이제 성은 일상 생활을 '따라다니는 소음'이 되어 버렸다. 우리 시대는 문자 그대로 '그것' 밖에 이야기하지 않는다.

문화가 발전하고 교육의 학습 과정이 길어지면 길어질수록 결혼 연령은 늦추지고 자연 발생적 생식 능력과 성욕은 억제하도록 요구받게 되었지 않은가! 역사의 전진은 발정기로부터 해방된 인간을 금기와 상징 체계로부터의 해방으로, 다시 말해 '성의 해방'으로 이동시키며 오히려 반문화적 현상을 드러내고 있다. 저자는 이것이 서양에서 오늘날 일어나고 있는 현상이라고 말한다. 서양에서 60년대말에 폭발한 학생 혁명과 더불어 본격적으로 시작된 '성의 혁명'은 30년의 세월을 지나 이제 한계점에 도달해 위기를 맞고 있다. 성의 해방을 추구해 온 30년 여정이 결국은 자체 모순에 의해 인간을 섹스의 노예로 전락시키며 새로운 모색을 강요하고 있는 것이다. 인간은 '섹스의 횡포'에 굴복하고 말 것인가?

과거도 미래도 거부하는 현재 중심주의적 섹스의 향연이 낳은 딜레마, 무자비한 거대 자본주의 시장이 성의 상품화를 통해 가속화시키는 그 딜레마를 어떻게 극복할 것인가? 저자는 역사 속에 나타난 다양한 큰 문화들을 고찰하고, 관련된 모든 학문들을 끌어들이면서 폭넓게 성 문제를 조명하고 있다.

東文選 現代新書 14

사랑의 지혜

알랭 핑켈크로트
권유현 옮김

수많은 말들 중에서 주는 행위와 받는 행위, 자비와 탐욕, 자선과 소유욕을 동시에 의미하는 낱말이 하나 있다. 사랑이라는 말이다. 그러나 누가 아직도 무사무욕을 믿고 있는가? 누가 무상의 행위를 진짜로 존재한다고 생각하는가? '근대'의 동이 터오면서부터 도덕을 논하는 모든 계파들은 어느것을 막론하고 무상은 탐욕에서, 또 숭고한 행위는 획득하고 싶은 욕망에서 유래한다는 설명을 하고 있다.

이 책에서 묘사하는 사랑의 이야기는 타자와 나 사이의 불공평에서 출발한다. 즉 사랑이란 타자가 언제나 나보다 우위에 놓이는 것이며, 끊임없이 나에게서 도망가는 타자로부터 나는 도망가지 못하는 것이다. 그리고 사랑의 지혜란 이 알 수 없고 환원되지 않는 타자의 얼굴에 다가가기 위해 애쓰는 것이다. 저자는 이 책에서 남녀간의 사랑의 감정에서 출발하여 타자의 존재론적인 문제로, 이어서 근대사의 비극으로 그의 철학적 성찰을 이끌어 가기 때문이다. 그러나 우리가 이웃에 대한 사랑을 이상적인 영역으로 내쫓는다고 해서, 현실을 더 잘 생각한다는 법은 없다. 오히려 우리는 타인과의 원초적 관계를 이해하기 위해서, 또 그것에서 출발하여 사랑의 감정뿐 아니라 다른 사람에 대한 미움의 감정까지도 이해하기 위해서, 유행에 뒤진 이 개념, 소유의 이야기와는 또 다른 이야기를 필요로 할 수 있다.

알랭 핑켈크로트는 엠마뉴엘 레비나스의 작품에 영향을 받아서 근대가 겪은 엄청난 집단 체험과 각 개인이 살아가면서 맺는 '타자'와의 관계에 대해서 계속해서 질문을 던진다. 이것은 철학임에 틀림없다. 그렇기는 하지만 구체적인 인물에 의해 이야기로 꾸민 철학이다. 이 책은 인간에 대한 인식의 수단으로 플로베르·제임스, 특히 프루스트를 다루며, 이들의 현존하는 문학작품에 의해 철학을 이야기로 꾸며 나간다.

東文選 現代新書 102

글렌 굴드, 피아노 솔로

미셸 슈나이더

이창실 옮김

캐나다 태생의 전설적인 피아니스트 글렌 굴드에 관한 전기
 정상에 오른 32세 나이에 무대를 완전히 떠났으며, 결혼도 하지 않고, 50세라는 길지 않은 생을 살았던 천재적인 피아니스트 글렌 굴드에 관한 전기나 책들이 외국에서는 이미 많이 나왔으나 국내에는 처음으로 번역 소개되었다.

삐걱거리는 의자, 몸을 흔들며 끙끙대는 신음, 흥얼대는 노래, 다양한 음색, 질주하는 템포, 악보를 무시하는 해석, ……독특한 개성으로 많은 음악애호가들의 사랑을 받아 왔던 글렌 굴드의 무대 경력은 불과 9년에 불과했다. 30세가 되면 연주회를 그만두겠다고 밝힌 바 있었으며, 32세에 이를 실행하였다. 50세에는 녹음을 그만두겠다고 했다가 50세가 되던 다음 다음날 임종했다. 짧다면 짧고 단순하다면 단순하다고 할 수 있는 이 연주가에 대해 한 편의 전기를 쓰는 일이 결코 쉬운 일이 아니었을 것이나, 여기서 저자는 통상적인 전기물의 관례를 깨뜨린 채 인물의 내면으로 곧장 빠져 들어감으로써 보다 강렬한 진실을 열어 보이는, 예기치 못한 방법으로 그의 삶과 예술 세계를 조명하고 있다. 그리하여 그동안 그의 음악을 들어 오던 독자들로 하여금 평소에 생각했던 점들이 너무도 또렷한 언어들로 구현되고 있다는 느낌을 떨쳐 버릴 수 없도록 해주고 있다. 굴드의 연주에 대한 날카로운 분석은 물론 그런 연주와 밀접하게 얽혀 있는 한 삶에 대한 저자의 이해와 긴 명상에 동참하는 기쁨을 누리게 해준다.

東文選 現代新書 94

진정한 모럴은 모럴을 비웃는다
— 책임진다는 것의 의미

알랭 에슈고엔 / 김웅권 옮김

 오늘날 우리는 가치들이 혼재하고 중심을 잃은 이른바 '포스트모던'한 시대에 살고 있다. 다양한 가치들은 하나의 '조정적인' 절대 가치에 의해 정리되고 체계화되지 못하고, 무질서하게 병렬적으로 공존한다. 이런 다원적 현상은 풍요로 인식될 수 있으나, 역설적으로 현대인이 당면한 정신적 방황과 해체의 상황을 드러내 주는 하나의 징표라고도 할 수 있다. 자본주의의 승리와 이러한 가치의 혼란은 인간을 비도덕적으로 만들면서 약육강식적 투쟁의 강도만 심화시킬 우려가 있다. 그리하여 사회는 긴장과 갈등으로 치닫는 메마르고 냉혹한 세계가 될 수 있다.

 개인의 자유와 권리가 확대되고, 사회적인 구속이나 억압이 줄어들면 줄어들수록 개인이 져야 할 책임의 무게는 그만큼 가중된다. 이 책임이 그의 자유와 권리를 보장해 주는 것이다. 개인의 신장과 비례하여 증가하는 이 책임이 등한시될 때 사회는 퇴보할 수밖에 없다. 기성의 모든 가치나 권위가 무너져도 더불어 사는 사회가 유지되려면, 개인이 자신의 결정과 행위 그리고 결과에 대해 자신과 타자 앞에, 또는 사회 앞에 책임을 지는 풍토가 정착되어야 한다. 그렇기 때문에 안개가 자욱이 낀 이 불투명한 시대에 책임 원리가 새로운 도덕의 원리로 부상되고 있는 것이다. 또한 어떤 다른 도덕적 질서와도 다르게 책임은 모든 이데올로기적 · 사상적 차이를 넘어서 지배적인 담론의 위치를 차지할 수 있다. 그것은 사회적 · 경제적 변화와 구속에 직면하여 문제들을 해결하기 위해 나타난 '자유의 발현'이기 때문이다.

東文選 現代新書 96

근원적 열정

뤼스 이리가라이

박정오 옮김

뤼스 이리가라이의 《근원적 열정》은 여성이 남성 연인을 향한 열정을 노래하는 독백 형식의 산문시로 이루어져 있다. 이 글에서는 여성이 담화의 주체로 등장하지만, 남성 중심으로 이루어진 현존하는 언어의 상징 체계와 사회 구조 안에서 여성의 열정과 그 표현은 용이하지도 자유로울 수도 없다.

따라서 이리가라이는 연애 편지 형식을 빌려 와, 그 안에 달콤한 사랑 노래 대신 가부장제 안에서 남녀간의 진정한 결합이 왜 가능할 수 없는지를 역설적으로 보여 주려 애쓴다. 연애 편지 형식의 패러디는 기존의 남녀 관계에 의문을 제기하고 교란시키는 적절한 하나의 전략이 되고 있는 것이다.

서구의 도덕적 코드가 성경 위에 세워지고, 신학이 확립되면서 여신 숭배와 주술은 주변으로 밀려났다. 이리가라이는 그 뒤 남성신이 홀로 그의 말과 의지대로 우주를 창조하고, 그의 아들에게 자연과 모든 피조물을 통치하게 하는 사고 체계가 형성되면서 여성성은 억압되었다고 지적한다. 또한 그녀는 남성신에서 출발한 부자 관계의 혈통처럼, 신성한 여신에게서 정체성을 발견하고 면면히 이어지는 모녀 관계의 확립이 비로소 동등한 남녀간의 사랑과 결합을 가능케 해준다고 주장한다.

이리가라이는 정신과 육체의 이분법적인 서구 철학의 분류에서 항상 하위 개념인 몸이나 촉각이 여성적인 것과 연관되어 있다는 점을 인식하고 타자로 밀려난 몸에 일찍부터 주목해 왔다. 따라서 《근원적 열정》은 여성 문화를 확립하는 일환으로 여성의 몸이 부르는 새로운 노래를 찾아나선 여정이자, 여성적 글쓰기의 실천 공간인 것이다.

東文選 文藝新書 153

시적 언어의 혁명

줄리아 크리스테바

김인환 옮김

　미셸 푸코는 《말과 사물》에서 19세기 이후 문학은 언어를 자기 존재 안에서 조명하기 시작하였고, 그런 맥락에서 횔덜린·말라르메·로트레아몽·아르토 등은 시를 자율적 존재로 확립하면서 일종의 '반담론'을 형성하였다고 지적한다. 그러한 작가들의 시적 언어는 통상적인 언어 표상이나 기호화의 기능을 초월하기 때문에 다각적이고 종합적인 연구를 필요로 한다. 본서는 바로 그러한 연구를 구체적으로 보여 주는 시도이다.

　20세기 후반의 인문과학 분야를 대표하는 저작 중의 하나로 꼽히는 《시적 언어의 혁명》은 크게 시적 언어에 대한 일반적인 특징을 종합한 제1부, 말라르메와 로트레아몽의 텍스트를 분석한 제2부, 그리고 그 두 시인의 작품을 국가·사회·가족과의 관계를 토대로 연구한 제3부로 구성된다. 이번에 번역 소개된 부분은 이론적인 연구가 망라된 제1부이다. 제1부 〈이론적 전제〉에서 저자는 형상학·해석학·정신분석학·인류학·언어학·기호학 등 현대의 주요 학문 분야의 성과를 수렴하면서 폭넓은 지식과 통찰력을 바탕으로 시적 언어의 특성을 다각적으로 조명 분석하고 있다.

　크리스테바는 텍스트의 언어를 쌩볼릭과 세미오틱 두 가지 층위로 구분하고, 쌩볼릭은 일상적인 구성 언어로, 세미오틱은 원초적이고 본능적인 언어라고 규정한다. 그리하여 시적 언어로 된 텍스트의 최종적인 의미는 그 두 가지 언어 층위의 상호 작용에 의해서 결정된다고 본다. 그리고 시적 언어는 표면적으로 보기에 사회적 격동과 관계가 별로 없어 보이지만, 실상은 사회와 시대 위에 군림하는 논리와 이데올로기를 파괴하는 힘이 있다는 것을 말라르메와 로트레아몽의 《말도로르의 노래》에 대한 연구를 통하여 증명한다.

東文選 現代新書 108

딸에게 들려 주는 작은 철학

롤란트 시몬 셰퍼
안상원 옮김

★독일 청소년 저작상 수상(97)
★청소년을 위한 좋은 책(99, 한국간행물윤리위원회)

작은 철학이 큰사람을 만든다. 아이들과 철학을 이야기하는 것이 요즘 유행처럼 되었다. 아이들에게 철학을 감추지 않는 것, 그것은 분명히 옳은 일이다. 세계에 대한 어른들의 질문이나 아이들의 질문들은 종종 큰 차이가 없으며, 철학은 여기에 답을 줄 수 있다. 이 작은 책은 신중하고 재미있게, 그러면서도 주도면밀하게 철학의 질문들에 대답해 준다.

이 책의 저자 시몬 셰퍼 교수는 독일의 원로 철학자이다. 그가 원숙한 나이에 철학에 대한 깊은 이해를 가지고 자신의 딸이거나 손녀로 가정되고 있는 베레니케에게 대화하듯 철학 이야기를 들려 주고 있다. 만약 그 어려운 수수께끼를 설명한다면 어떻게 할 것인가를 모형적으로 제시하고 있다.

철학은 우리의 구체적인 삶과 멀리 떨어져 있는 삶이 아니다. 우리가 사용하고 있는 말이란 무엇이며, 안다는 것은 무엇인가. 세계와 자연, 사회와 도덕적 질서, 신과 인간의 의미는 무엇인가 등 철학적 사유의 본질적 테마들로 모두 아홉 개의 장으로 나누어 이야기하고 있다. 쉽게 서술되었지만 내용은 무게를 가지고 있어서 중·고등학생뿐만 아니라 대학생과 성인들에게 철학에 대한 평이한 길라잡이가 될 것이다.